学术顾问　王建华

权力清单中的百态人生

行政案件评析与法律风险提示

金琴云　等著

中国检察出版社

台州法治文化研究丛书

顾　　　问：徐卫华
主　　　编：王建华
副　主　编：童明强　林君荣　叶建辉　潘君辉
课 题 指 导：董服明（浙江省法学会研究部主任）
课 题 策 划：田雄（《民主与法制时报》总编辑助理）
课题组组长：王建华
副　组　长：金琴云　陈洁
成　　　员：冯泽云　陈羽　任科　冯静
　　　　　　张勤　王菁菁

法治文化讲堂开讲告示

台州——东海之滨一座年轻而富有活力的新型城市，以"山海水城、和合圣地、制造之都"闻名于世。她拥有无穷的开拓和创新精神：在经济领域，首创了股份合作制；在民主政治领域，首创了民主恳谈会和权力清单改革；在法治领域，首创了以政府权力与公民权利的协调良性互动的"县域法治"模式构建；在文化领域，大力普及文化礼堂建设。

唐代诗人杜甫的一句"台州地阔海冥冥，云水长和岛屿青"，写尽了古时台州的美丽和荒凉。改革开放后的台州，民营经济风起云涌，作为中国第一家股份合作制企业诞生地，创造了以民营经济加政府推动为主要特征的"台州现象"，著名经济学家吴敬琏说：台州是中国经济最有希望的地区之一。

今天开讲的法治文化讲堂，其宗旨是培育法治文化，弘扬法治精神。法治文化是文化培育的重要组成部分，是一种价值，一种信仰，一种思维方式，是不同于人治的全新的文化样态，对普遍增强全民法制意识和法治观念具有积极意义。

讲堂的两旁开设法治文化长廊：右侧展示的是由法制办和司法行政部门提供的"权力清单告诉你行政权力的边界在哪里"，左侧展示的是由检察院和监察委提供的"不可触碰的权力底线——负面权力清单的警示"。

大家自行浏览或认真听取讲解人员的讲解后，进入法治文化讲堂，聆听台州籍女律师金琴云讲授"让法律告诉你如何行使权力"！

台州市法治文化研究会
2017 年 8 月 1 日

序

在当前依法治国法治化进程不断推进的形势下，行政复议和行政诉讼案件还时有发生。为什么会出现这种现象，读完金琴云等著的《权力清单中的百态人——行政案件评析与法律风险提示》一书，相信能从中得到些许有益的启示。

本书以漫画形式，生动、鲜活地展示大量发生在基层乡镇党政部门及村干部常见的违法犯罪案例，并对权力清单和权力负面清单的法律风险及防范措施进行提示和解读，能有效地帮助党政干部学法、知法、守法、用法，起到"以案说法知荣辱、警示教育促廉洁"的作用，让广大干部认识到一旦放松警惕，危险就在身边，做到警钟常鸣、依法合规，不越雷池、坚守底线。

金琴云同志从事律师工作近二十年，她勤奋学习，努力工作，弘扬正义，敢于担当，乐于奉献，在业界口碑颇佳，是一位非常优秀的专业律师。听过金琴云律师法制讲座的人，都会发现金律师讲课逻辑严谨、思维敏锐，案件分析丝丝入扣、引人入胜，令人佩服。她热衷于妇女儿童公益事业并擅长行政案件办理，她把行政诉讼作为有效规制行政行为、维护行政相对方及利害关系人合法权益、促进社会和谐的有力法律手段，为维护社会稳定和综合治理发挥执业律师的积极作用。

法学理论和法治文化研究，离不开具体案例作基础。金琴云同志与台州市法学会法治文化研究会携手合作，运用司法实务案例，传播和弘扬法治思想，成果丰硕，值得庆贺！

我愿将此书推荐给广大读者，也希望广大从事法律的工作者，要擅于运用自己的专业知识，铁肩担道义，妙笔写专著，为传播和弘扬社会主义法治思想做出应有的贡献！

此为序！

李晏子①

2017 年 10 月 25 日

---

① 李晏子，台州市委政法委副书记、台州市法学会常务副会长。

目 录

法治文化讲堂开讲告示 …………………………………… 1
序 ………………………………………………………… 1

A. 权力清单告诉你行政权力的边界在哪里

一、行政许可权 ……………………………………………… 3
 1. 路桥费征收引质疑　滥用行政许可是根源 ………… 3
 2. 公安机关管理停车场　行政许可权起争议 ………… 4
二、行政确认权 ……………………………………………… 8
 1. 房屋遗产待分割　行政确权要仔细 ………………… 8
 2. 车辆登记能否代替车辆所有权的确认 ……………… 9
三、行政处罚权 ……………………………………………… 13
 1. 工商行使处罚权不当　当事人可以主张权利 ……… 13
 2. 没有权限却处罚　自己刻章自己盖 ………………… 14
四、行政强制权 ……………………………………………… 19
 1. 强制执行要依法　程序合规是关键 ………………… 19
 2. 没有资格也强制　委托执法不可行 ………………… 20
五、行政征收权 ……………………………………………… 24
 1. 免费公开政府信息　保护公民知情权 ……………… 24
 2. 政策优惠有前提　想走捷径不可取 ………………… 25

六、行政裁决权 ································· 29
1. 拆迁补偿说不清　政府帮忙来裁决 ············· 29
2. 注册商标冲突　先行裁决再起诉 ··············· 30

七、行政给付权 ································· 37
1. 建设经济适用房　保障低收入群体 ············· 37
2. 下班路上受工伤　工伤保险来帮忙 ············· 38

八、行政奖励权 ································· 42
1. 价格举报　人人有责 ························· 42
2. 爱心公益助社会　个人隐私要保护 ············· 42

九、其他行政权力 ······························· 46
1. 警察征用有前提　出示证件为公务 ············· 46
2. 防汛任务最紧急　人民安全放第一 ············· 46

B. 不可触碰的权力底线——负面权力清单的警示

一、贪污犯罪 ··································· 53
1. 职权本应为民谋福利　贪心却将自己送牢里 ····· 53
2. 贪污手法再高明　难逃财务审查关 ············· 54
3. 十几万元不算多　八年徒刑也不短 ············· 54
4. 合伙贪污　一同坐牢 ························· 55
5. 侵占别墅本以为高枕无忧　被举报却以贪污罪论处 ··· 55

二、受贿、索贿犯罪 ····························· 61
1. 征用土地有赔偿　收受贿赂要坐牢 ············· 61
2. 从县长到书记前程乐观　因防线崩溃后患无穷 ··· 62
3. 法律不相信"原则" ··························· 63
4. 从善如登　从恶如崩 ························· 63

三、挪用公款、挪用资金犯罪 …………………………………… 75
1. 村官双双入狱　都缘挪用公款 …………………………… 75
2. 公私不分铸大错　请人帮忙进班房 ……………………… 76
3. 挪用公款未使用　对其定罪冤而不枉 …………………… 77
4. 村支书挪用公款是违法　乡政府以经济纠纷追讨真糊涂 … 78
5. 挪用资金千万元　返还以后还判刑 ……………………… 78

四、滥用职权犯罪 …………………………………………………… 84
1. 误出认定书导致严重后果　工作人员涉嫌滥用职权犯罪 ………………………………………………………… 84
2. 受朋友所托假公济私　滥用职权构成犯罪 ……………… 85
3. 滥用职权谋拆迁补偿款　终以诈骗罪被判处刑罚 ……… 86

五、玩忽职守犯罪 …………………………………………………… 89
1. 酒后失枪铸大错　玩忽职守罪应得 ……………………… 89
2. 曹某虽未正确履职　但也不应强求入罪 ………………… 90
3. 杨某分文未取　缘何犯罪 ………………………………… 91

六、违反纪律应当受到处罚的行为 ………………………………… 97
1. 戏谑丑化领导人　违反政治纪律受处分 ………………… 97
2. 不报、瞒报　违反组织纪律 ……………………………… 98
3. 伪造拆迁手续牟利　损害群众利益 ……………………… 98
4. 收受巨额贿赂　违反廉洁纪律 …………………………… 99
5. 不担主体责任　违反工作纪律 …………………………… 99
6. 思想蜕变腐化　违反生活纪律 …………………………… 100

C. 让法律告诉你如何行使权力（法治文化讲堂实录）

一、何谓行政诉讼 …………………………………………………… 107
1. 一场雾霾引发的官司 ……………………………………… 107

  2. 行政诉讼的受案范围 …………………………… 108

  3. 关于行政诉讼时效期限 ………………………… 109

  4. 行政诉讼注意事项 ……………………………… 117

  5. 案例解读 ………………………………………… 120

 二、何谓行政复议 …………………………………… 136

  1. 行政复议的受理范围 …………………………… 136

  2. 行政复议的法定期限 …………………………… 137

  3. 行政复议注意事项 ……………………………… 137

  4. 行政复议流程图 ………………………………… 139

  5. 案例解读 ………………………………………… 139

  6. 如何建立法治理念 ……………………………… 154

 三、不可不知的 5 部行政法律规定 ………………… 155

  1.《行政许可法》…………………………………… 155

  2.《行政处罚法》…………………………………… 156

  3.《行政强制法》…………………………………… 160

  4.《行政复议法》…………………………………… 163

  5.《行政诉讼法》…………………………………… 164

结束语 ………………………………………………… 169

附录一：南官河畔话清风

  ——访中共路桥区委书记潘建华 ……………… 170

附录二：记住法律中的重要数字 …………………… 178

后　　记 ……………………………………………… 189

Postscript Note ……………………………………… 191

A. 权力清单告诉你行政权力的边界在哪里

我国政府权力清单制度发端于2000年前后国内启动的对行政机关具体行政行为全面规范的工作,至今已经历了初探、试点导入、规范推广三个阶段。2014年3月,国务院审改办在中国机构编制网公开了国务院各部门的行政审批事项汇总清单,这是中央政府首次公布全国推行的权力清单。各地在推广、应用和落实取得了丰硕成果,让我们用案例形式对其进行分类解读,还原一个别样的权力清单的百态人生,弄清行政权力的边界在哪里?

一、行政许可权

行政许可权不仅是行政机关发放许可证的权力,同时也是由一系列相互衔接、综合发挥作用的权力构成的完整体系。许可权由核准权、拒绝权、中止权、变更权、吊销权等权力结合而成。

1. 路桥费征收引质疑　滥用行政许可是根源

案例：赖先生新买了一辆小排量汽车,车价只有7万多元,但他还得缴纳一项固定费用：路桥费2300元。如果不缴纳就不予机动车年审。因为当地行政主管部门许可并正式实施新的路桥通行费收费方式,由政府对主城区的收费道路、桥梁进行收购,统一收取路桥通行费。

当时，车主们开始质疑对路桥费继续征收的合法性：国家已经开征燃油税，所有的车辆既要支付燃油税，又要支付路桥费，就是重复交费。一些群众对路桥费常年征收但不公开收支详细信息不满。他们认为，路桥费的征收是一项取之于民、用之于民的地方性行政收费，按照权利与义务对等原则，有关部门每年应定时向全社会公布路桥费的收支情况。缴费人应当享有知情权！

2. 公安机关管理停车场　行政许可权起争议

案例：某市十二届人大常委会第41次会议第二次审议《城市道路交通安全条例（草案）》[以下简称《交通安全条例（草案）》]时，有人大常委会组成人员提出，对停车场的管理，公安机关兼当裁判员和运动员不妥。《交通安全条例（草案）》规定，申请设立公共停车场和向社会开放的停车场应当持有关材料向市公安机关提出申请。省直有关部门提出，《国务院对确需保留行政审批项目设定行政许可的决定》仅保留了设立临时停车场由所在城市的公安机关负责审批的行政许可。《交通安全条例（草案）》的规定扩大了许可范围，与上位法有抵触。该市人大法制委员会认为，本市停车难矛盾日益突出，根据实际情况，并参照兄弟城市的有关法规，明确公安机关对设立公共停车场和向社会开放的停车场的行政许可权，与上位法有关规定及精神并无抵触。对此，人大常委会认为，现在停车场管理中心设在市交警支队，条例这样规定，公安机关既是"裁判员"又是"运动员"，显然不妥，建议修改。

【专家点评】＊

行政许可权是指行政机关或者法律、法规授权的具有管理公共事务职能的组织，在法定职权或者法定授权范围内，以自己的名义实施行政许可的权力。行政机关普遍地禁止公民从事某一活动，但又根据需要和具体环境允许某个或某些公民从事该活动的制度，称为行政许可制度。现代公共管理制度中唯有其将强力控制与灵活适用相结合。正是由于这一特殊作用，受到了行政管理者的高度重视。当政府希望对更多的行业确定标准、对更多的职业资格确定条件时，行政许可制度便成为唯一有效的管理手段。

政府不能滥用行政许可权。《道路交通安全法》规定，机动车辆检验除法定条件外，任何单位不得附加其他条件。案例1中，当地行政主管部门对机动车不缴纳路桥费就不予以年检的规定，明显是滥用行政许可权力，是违法的。案例2中，公安机关负责审批的行政许可行为，既是"裁判员"又是"运动员"，显然不妥，当地人大常委会予以否定并建议修改是正确的。

近年来，中央和各级政府都在不断深化行政体制改革，转变政府职能，把方便群众办事、优化发展环境作为一项首要任务来抓，以此来推动经济和社会的又好又快发展。在行政体制改革的探索和实践中，大家对相对集中行政许可权的做法达成了共识，纷纷建立行政（政务、审批）服务中心，推行"一站式"办公、"一条龙"服务等。2004年我国颁布实施了《行政许可法》，该法第25条规定："经国务院批准，省、自治区、直

＊ "权力清单告诉你行政权力的边界在哪里"所涉案例点评专家：叶水荣，男，西南政法大学法律硕士，律师兼任大学教师，现任浙江泽鼎律师事务所执行主任。擅长民商事诉讼、仲裁、执行及行政复议、诉讼等案件的办理。系杭州市中小企业协会副会长、《每日商报》总法律顾问及法律栏目特邀评论员，担任杭州市下城区人民政府、华夏银行、南京银行等法律顾问。

辖市人民政府根据精简、统一、效能的原则，可以决定一个行政机关行使有关行政机关的行政许可权。"第26条规定："行政许可需要行政机关内设的多个机构办理的，该行政机关应当确定一个机构统一受理行政许可申请，统一送达行政许可决定。行政许可依法由地方人民政府两个以上部门分别实施的，本级人民政府可以确定一个部门受理行政许可申请并转告有关部门分别提出意见后统一办理，或者组织有关部门联合办理、集中办理。"《行政许可法》对相对集中行政许可权的做法给予了肯定，为各地建立行政（政务、审批）服务中心相对集中行政许可权的做法提供了法律依据。据统计，目前，全国各类行政法律服务中心基本做到全覆盖。行政服务中心的成立及运行在各级政府转变职能、优化环境、公开公务等领域发挥了重要作用。

【相关链接】

● 法律依据：《行政许可法》第16条规定："行政法规可以在法律设定的行政许可事项范围内，对实施该行政许可作出具体规定。地方性法规可以在法律、行政法规设定的行政许可事项范围内，对实施该行政许可作出具体规定。规章可以在上位法设定的行政许可事项范围内，对实施该行政许可作出具体规定。法规、规章对实施上位法设定的行政许可作出的具体规定，不得增设行政许可；对行政许可条件作出的具体规定，不得增设违反上位法的其他条件。"第17条规定："除本法第十四条、第十五条规定的外，其他规范性文件一律不得设定行政许可。"

● 对行政许可权的法律控制：确定许可制度，为行政机关设定许可权等问题直接关系到公民、法人在国家行政管理活动中享有的权利和承担的义务。如何对行政许可权的设定及行使加以法律控制是一个必须解决的问题。行政许可权不仅是行政机关发放许可证的权力，而且它是由一系列相互衔接、综合发挥作用的权力构成的完整体系。许可权由以下几种权力结合而成：（1）核准权：行政机关对申请人的许可申请审查斟酌之后，认为符合条件的即予以批准，发放许可证。（2）拒绝权：行政机关对相对人的申请审查后，认为不符合许可条件或客观环境不允许的，应当驳回申请，拒绝发放许可证。（3）中止权：这项权力是保证被许可人依法从事许可活动、履行法定义务的重要手段。许可证发放后，可能出现各种情况，如果许可机关认为被许可人的活动超越权限、服务水平下降、许可数量增多引起混乱等，可以暂时停止被许可人从事的经营许可的活动，限制其行为，这就是行政机关的中止许可权。中止权不同于吊销权，因而不属于被诉行为。（4）变更权：许可机关根据相对人的请求或自身需要，对许可事项的具体内容加以更改的权力。变更的范围包括许可的条件、许可的范围、许可的具体内容、许可的期限等。例如，在经济过热时期，工商局核发的营业执照可能包含了范围较广的许可事项，一般公司可能有权从事汽车购销活动，及其他专控商品经营活动，但经济降温时期，行政机关可以变更核准的许可事项，以保证经济的协调发展。（5）吊销权：行政机关因相对人违反法律规定而撤销其许可证件，不允许相对人继续从事某种活动的权力。如果相对人在许可证被吊销后继续从事某种许可事项，则构成违法。吊销权既是一种处罚形式，同时也是许可权的一种表现形式，并在行政许可制度中占有极其重要的地位。相对人对行政机关吊销许可证的行为不服，有权向法院提起诉讼。

●行政机关吊销许可证，一般应严格依照法定程序，包括公告、听证、调查、提供救济等程序。

●美国联邦最高法院在1959年的一个判例中这样评价：如果一个酒店主人允许在其店内进行赌博和酗酒，那么他就被认为不适于持有许可证，行政机关可以吊销之，但必须依正当程序条款进行。

二、行政确认权

行政确认权是行政机关依法对行政相对方的法律地位、法律关系和法律事实进行甄别,给予确定、认可、证明并予以宣告的权力。如政府对动产、不动产、经营权、知识产权的行政确认或对某企业产品质量认证等。行政许可与行政确认通常是同一行政行为的两个步骤,一般是确认在前,许可在后;确认是许可的前提,许可是确认的结果。

1. 房屋遗产待分割　行政确权要仔细

案例:王甲与王乙系同胞兄弟,另有6个姐妹。父母生前建有一间坐落于C县某镇两层木结构楼房,C县人民政府向王甲及王乙的父亲王某颁发了房屋所有权证。1995年,王甲及王乙的父母死亡。2000年3月29日，王乙向C县人民政府申请房屋所有权登记。C县人民政府经审核，于同日向王乙颁发了房屋所有权证。王甲认为自己作为儿子，对该房屋享有与王乙同等的继承权，县人民政府的发证行为等于将房屋归于王乙一人所有，属于审查不严，遂诉至法院。但聘请的律师告诉他，另外六个姐妹和他们兄弟两人一样也具有同等的继承权。

2. 车辆登记能否代替车辆所有权的确认

案例：2008年3月23日，A购买卡车一辆，并与B公司签订《车辆服务合同》，挂靠在B公司从事货运经营。双方约定：A享有该车辆所有权，每年向B公司支付服务费1800元，由B公司提供车辆审验服务，其他费用及车辆收益及风险均由A享有和承担。合同签订后A即控制、管理该车从事运营至今。现双方因车辆实际所有权归属发生争议，A认为虽然车辆登记在B公司名下，但自己为实际出资人，应为车辆所有权人，特向法院起诉请求确认挂靠协议有效，确认车辆归其所有。

【专家点评】

案例1中，根据《城市房地产管理法》有关规定，C县人民政府作为县级人民政府有权颁发房屋所有权证。C县人民政府对王乙的颁证行为已经改变了讼争房屋的所有权人，新证与旧证记载内容不完全一致，权利义务关系已发生变化，属于新的具体行政行为，具有可诉性。依据建设部《城市房屋权属登记管理办法》第10条的规定，房屋权属审核是C县人民政府应当遵循的法定程序，也是C县人民政府应当履行的法定义务。讼争房屋系父母生前所建，父母死亡后，该房屋应当通过合法途径确定其权利归属。C县人民政府在没有审查王某的子女对讼争房屋权属是否已自行处理妥当或是否已经由有关部门依法处理，也没有审查王某夫妻是否已死亡的情形下，仅凭王乙的申请，径行为王乙颁发了房屋所有权证，主要证据不足，依法应予撤销。至于该房屋，8个兄弟姐妹都有继承权。

案例2中，机动车登记的目的是为了行政管理，不是权属登记。《公安部关于确定机动车所有权人问题的复函》（公交管〔2000〕98号）明确："根据现行机动车登记法规和有关规定，公安机关办理的机动车登记，是准予或者不准予上道路行驶的登记，不是机动车所有权登记……公安机关登记的车主，不宜作为判别机动车所有权的依据。"可见，机动车登记仅是一种管理措施，不是物权登记，机动车登记的车主并不一定是所有权人，车辆所有权的确认应结合物权变动的情况综合认定。最高人民法院《关于执行案件中车辆登记单位与实际出资购买人不一致应如何处理问题的复函》亦明确，车辆登记名义人与实际出资人不一致时，应当依据公平、等价有偿原则，确定实际出资人为车辆所有权人。因此，本案中应认定A为车辆所有人。

【相关链接】

●法律依据：《城市房地产管理法》第61条第3款规定："房地产转让或者变更时，应当向县级以上地方人民政府房产管理部门申请房产变更登记，并凭变更后的房屋所有权证书向同级人民政府土地管理部门申请土地使用权变更登记，经同级人民政府土地管理部门核实，由同级人民政府更换或者更改土地使用权证书。"

●在2004年1月14日最高人民法院发布的最高人民法院《关于规范行政案件案由的通知》（以下简称《通知》）在"具体行政行为"种类中已经有了"行政确认"一词。该《通知》表明，行政确认不仅仅是一个学术词语，已经为有关国家机关所承认。然而，在真正的立法中还没有"行政确认"这一词，关于"行政确认"的具体规定散落在不同等级的规范性文件中，用词亦多种多样、极易与其他具体行政行为相混淆，因而在实践中频频产生某行为是行政确认行为还是他种具体行政行为的争议。

●按照行政确认对象的不同，可以分为对能力（或资格）、身份、事实、法律关系和权利归属的行政确认。

对能力或者行为的行政确认，是行政主体对行政相对方是否具有从事某种行为的能力或者资格的证明。例如，授予技术职称，对个体行医、导游、驾驶人员、饮食服务、建筑师、会计师等的能力、条件、资格的认可。

对身份的行政确认，是指行政主体对相对方在法律关系中的地位的确认。例如，颁发居民身份证、学历和学位证书、烈军属和优抚对象的证明等。

对事实的行政确认，是指行政主体对某项事实的性质、状态、真伪、等级、数量、质量、规格等的确认。例如，对违反治安、工商、税务、物价、环保等行政法律规范的具体违法行为性质的认定，对行为人非法所得的有无和数额大小的认定，对各种商品质量的检验认证、货物原产地的证明等，都是对事实的行政确认。

对法律关系的行政确认，是指行政主体对某项权利和义务关系是否存在或者是否合法有效的确认。如对合同的鉴定就是对法律关系的行政确认。

对权利归属的行政确认，是指行政主体对行政相对方享有某项民事权利的确认，也可称为行政确权。行政确权涉及的领域十分广泛，主要有以下几个方面：（1）不动产所有权的行政确权。是指行政机关对集体所有制单位的山林、水面、草原、土地、滩涂等自然资源的所有权和个人的设备、房屋、机器、林木等的所有权依法核发所有权证书的行政确认。（2）不动产使用权的行政确权。是指行政机关对公民、法人的山林、矿产资源、水流、草原、土地等国有自然资源的使用权依法颁发使用证的行为。（3）经营权的行政确权。是指行政机关对公民、组织取得的商业、建筑业等方面的生产经营权依法进行营业登记并核发营业执照的行为,等等。(4)知识产权的行政确权。是指商标管理机关、专利管理机关对公民、组织的商标专用权、专利权依法颁发商标专用证书、专利证书的行为,等等。

三、行政处罚权

行政处罚权是行政主管机关及法定授权组织对违反行政法律规范相对人的制裁权，具有剥夺限制相对人利益、在法定幅度内自由裁量、受法定行政机关和司法机关审查等特征。

1. 工商行使处罚权不当　当事人可以主张权利

案例：某县工商局接群众举报称，个体工商户马某涉嫌违法经营，该局即指派执法人员张某前往检查。经查，马某违法事实确凿，工商局拟依法对其作出吊销营业执照并罚款5000元的行政处罚。根据《行政处罚法》的规定，工商局在作出处罚决定前，书面告知马某有要求举行听证的权利。马某当即要求组织听证，工商局通知其次日下午到工商局机关参加听证。听证由本案调查人员张某主持,马某进行了申辩和质证,并在听证笔录上签字,同时马某按照工商局的要求缴纳了听证费200元。听证结束后,工商局对马某作出了吊销营业执照并罚款3000元的行政处罚,制作了行政处罚决定书,并于10日后送达给马某。上述工商部门行使处罚权的过程中有多种不当行为,当事人可以通过复议或诉讼的方式依法主张权利。

2. 没有权限却处罚 自己刻章自己盖

案例:个体工商户罗某是B市某粗纸厂业主。该厂环评批复产量为0.0018万吨/年,项目未经环保部门验收。2013年6月28日,B市人民政府办公室发布了B政办发〔2013〕89号《关于印发〈B市印染造纸制革化工等行业整治提升方案〉的通知》,其中附件2《市造纸行业整治提升方案》明确:2012年年底前完成全市造纸企业基本情况排查,按照"关停淘汰一批、整合入园一批、规范提升一批"的原则,对所有造纸行业进行梳理,明确淘汰关闭、搬迁入园、整治提升等整治要求,基本淘汰不符合国家产业政策和节能减排要求的落后企业。对2013年9月底前,列入淘汰关停范围的企业、生产线全部淘汰关停到位,对其他所有不符合整治标准的企业、生产线全面实施限期整改。对年产规模3万吨及以下的废纸造纸企业进行重组,允许重组企业通过市场化手段配置资源。根据B市实际情况,对年产规模3万吨及以下的废纸造纸企业重组后保留3家,搬迁进入工业功能区块,原厂址停止生产。

2013年9月16日,B市人民政府办公室下发《关于B市造纸行业整治提升工作的补充意见》的文件,明确废纸造纸企业以市场化手段对产能进行整合重组,重组后允许保留3家废纸造纸企业,每家企业年产能应不低于3万吨。重组对象为产能3万吨及以下的废纸造纸企业。重组资格为年产能在1万吨及以上,经国土资源和建设规划部门认定,现厂址符合土地利用规划和建设规划要求，符合环保部门重组产能审批要求。重组期限为 2013 年 9 月底前完成废纸造纸企业的整合重组，取得重组资格的企业应在规定期限内完成整治提升并通过验收，未取得重组资格的企业在 2013 年 9 月底关停。废纸造纸重组企业在造纸工业区块具备集聚条件时，应搬迁进入造纸工业功能区块。2013 年 9 月 29 日，整治办超越权限给罗某的粗纸厂下发《关于要求某粗纸厂限期停产的通知》，责令罗某在 2013 年 9 月 30 日规定期限内停止造纸生产活动，整治上述行为存在一定问题。

【专家点评】

案例 1 中，工商局的行政行为存在多种问题。首先，接到举报前去调查的是张某一人，而不是两名执法人员。其次，工商局在作出决定之前，所告知的只是马某的权利，未告知作出行政处罚决定的事实、理由及依据。再次，就是当事人要求听证的，应当在行政机关或公安机关告知后 3 日内用书面形式提出，马某没有经过这一程序，工商局直接通知其参与听证。并且，行政机关或公安机关应当在举行听证会的 7 日前，通知当事人举行听证的时间、地点。本案的调查人员不得主持听证。对当事人在听证会上的申辩或质证，工商机关应认真进行复核后才能作出行政处罚。此外，工商局要求马某缴纳听证费 200 元是不合理的。《行政处罚法》中明确规定，当事人申请听证的，听证费用由行政机关承担。最后，行政处罚决定书应在 7 日内送达。

案例 2 中，责令罗某限期停产的《关于要求某粗纸厂限期停产的通知》，具有惩罚性质，属于行政处罚。根据《环境行政处罚办法》第 14 条的规定，县级以上环境保护主管部门是环境行政处罚的主体。因此，本案中的整治办作出《关于要求某粗纸厂限期停产的通知》系超越职权。此外，《关于要求某粗纸厂限期停产的通知》依据《B 市印染造纸制革化工等行业整治提升方案》的要求，未援引相关的法律法规依据，系适用法律法规错误。根据《行政处罚法》第 40 条的规定，行政机关在作出行政处罚决定前，应当履行立案、调查、取证、事先告知等法定程序，但被告提供的证据并不能证明其已履行了作出处罚的法定程序，系程序违法。

【相关链接】

●法律依据：《行政处罚法》第 37 条第 1 款规定："行政机关在调查或者进行检查时，执法人员不得少于两人。"第 31 条规定："行政机关在作出行政处罚决定之前，应当告知当事人作出行政处罚决定的事实、理由及依据，并告知当事人依法享有的权利。"第 40 条规定："行政处罚决定书应当在宣告后当场交付当事人；当事人不在场的，行政机关应当在七日内依照民事诉讼法的有关规定，将行政处罚决定书送达当事人"。第 42 条第 1 款规定："行政机关作出责令停产停业、吊销许可证或者执照、较大数额罚款等行政处罚决定之前，应当告知当事人有要求举行听证的权利；当事人要求听证的，行政机关应当组织听证。当事人不承担行政机关组织听证的费用。听证依照以下程序组织：（一）当事人要求听证的，应当在行政机关告知后三日内提出；（二）行政机关应当在听证的七日前，通知当事人举行听证的时间、地点；（三）除涉及国家秘密、商业秘密或者个人隐私外，听证公开举行；（四）听证由行政机关指定的非本案调查人员主持；当事人认为主持人与本案有直接利害关系的，有权申请回避；（五）当事人可以亲自参加听证，也可以委托一至二人代理；（六）举行听证时，调查人员提出当事人违法的事实、证据和行政处罚建议；当事人进行申辩和质证；（七）听证应当制作笔录；笔录应当交当事人审核无误后签字或者盖章。"

《环境行政处罚办法》第 14 条第 1 款规定："县级以上环境保护主管部门在法定职权范围内实施环境行政处罚。"

● 根据《行政处罚法》的规定，行政处罚的种类包括：（一）警告；（二）罚款；（三）没收违法所得、没收非法财物；（四）责令停产停业；（五）暂扣或者吊销许可证、暂扣或者吊销执照；（六）行政拘留；（七）法律、行政法规规定的其他行政处罚。这就是中国行政处罚的"6+1"种类。所谓"6+1"的处罚种类，系指中国有6种处罚种类是直接由行政处罚法设定的，即警告、罚款、没收、责令停产停业、吊扣证照、行政拘留，但这6种处罚以外的种类，应当由法律和行政法规另行设定。

● 行政处罚对公民、法人或者其他组织合法权益的保护，一方面体现在行政主体通过依法行使行政处罚权，打击各种行政违法行为，来保护公民、法人或者其他组织的合法权益；另一方面体现在行政主体正确行使行政处罚权，避免和纠正违法处罚行为的发生，来保护行政管理相对人的合法权益。这两个方面紧密联系、相辅相成。行政主体通过行使行政处罚权打击行政违法行为的目的是保护被行政违法行为所侵害的公共利益和社会秩序以及公民、法人或者其他组织的合法权益；但行政处罚权必须依法行使，否则，行政主体的违法处罚行为同样会侵害公民、法人或者其他组织的合法权益。因为，行政违法行为人也有自己的合法权益，行政主体一旦违法行使行政处罚权，就会侵害行政违法行为人的合法权益；甚至在不存在行政违法行为的情况下，行政主体滥用行政处罚权，则会侵犯无辜的行政管理相对人的合法权益。

● 相对集中行政处罚权，是指依据《行政处罚法》的规定，将若干有关行政机关的行政处罚权集中起来，交由一个行政机关统一行使；行政处罚权相对集中后，有关行政机关不得再行使由一个行政机关统一行使的行政处罚权。

● 相对集中行政处罚权，将若干法律、法规规定的与城市管理领域相关的行政处罚权集中到一个行政机关，不但有效地避免了制度层面存在的职责交叉弊病，而且解决了联合执法行为主体缺失、程序失范、责任不明的法律障碍。相对集中行政处罚权通过对部分行政处罚权的集中，使分散在多个部门的执法权得以在执法职能重新配置的基础上得到有序整合，同时在对其界定、划分、衔接、运用等方面努力形成新的科学体系与制度，执法人员得到精简，但执法力量得到科学的集中，行政执法效能得以提升。相对集中行政处罚权，既有利于社会公众对行政处罚行为的监督，也利于促进各级行政机关严格依法行政，对于培植全社会的法治意识、责任意识，推进法治政府建设起到积极的保障和促进作用。

●综合行政执法，是在相对集中行政处罚权基础上对执法工作的改革。党的十八届三中全会《关于全面深化改革若干重大问题的决定》和四中全会《关于全面推进依法治国若干重大问题的决定》都提出了综合行政执法改革的要求，将综合行政执法进一步区分为重点领域和跨部门综合行政执法两种类型。2015年4月，《关于开展综合行政执法体制改革试点工作的意见》（中央编办发〔2015〕15号），确定在全国22个省（自治区、直辖市）的138个城市开展综合行政执法体制改革试点。综合行政执法是随着相对集中行政处罚权制度的建立而提出的一个新概念，是我国在推动行政体制改革方面的一个创新。

四、行政强制权

行政强制权，是指行政机关为了预防或制止正在发生或可能发生的违法行为、危险状态以及不利后果，或者为了保全证据、确保案件查处工作的顺利进行，而对相对人的人身、财产予以强行强制的一种行政权力。

1. 强制执行要依法　程序合规是关键

案例：张某是货运卡车司机，2011 年 5 月 31 日运货经过某国道某检查站时，执勤人员王某和宋某（身着交通警察制服，出示证件）向张某走来，递给张某一张扣押决定书，说："超载，车被扣了。"张某接过决定书，见上面印的全部内容是：因超载，根据有关规定，扣车 40 日。决定书印着某省市交警大队的印章。张某辩称："我没有超载。"王某不耐烦地说："肯定超，讲这么多干什么。"这时，王某有事走了，宋某叫来两个没有穿制服的人，叫张某把车开到路边的空地，并在车辆上加了一把锁。宋某对张某说"等下了处罚决定，我就开锁放车走"。王某和宋某的执法程序不符合相关法律法规的规定。

2. 没有资格也强制　委托执法不可行

案例：王某未经批准，在公路建筑保护区范围内相继建起猪圈、厢房、门楼、院墙等违章建筑。某县路政管理大队根据该县交通局的〔2012〕45号文件对王某的违章建筑作出"限期拆除；到期不拆，路政大队强制执行"的处理决定。路政大队组织人员去该村落实、督促有关工作时，见王某并没有执行处罚决定，认为是消极抵抗决定的执行，便委托乡政府用铲车将违章建筑推倒。路政大队依据一纸文件并委托乡政府开展行政强制执行的行为是不合法的。

【专家点评】

案例1中，执法人员未听取张某的陈述和申辩，不符合《行政强制法》的规定；扣押决定书过于简单，内容不符合《行政强制法》的规定；扣押时间长达40天，超出法定期限；宋某在未报告并取得行政机关负责人批准的情况下就实施了强制措施，且独立执法，不向当事人出示执法证件，未制作现场笔录，这些都是明显违反程序的行为。

案例2中，路政大队对王某的违章建筑作出"限期拆除；

到期不拆,路政大队强制执行"的处理决定依据不合法,因为县交通局的〔2012〕45号文件属于规范性文件,而规范性文件不能设定行政强制执行。路政大队也不能委托乡政府拆除王某的违章建筑,根据《行政强制法》的有关规定,行政强制不能委托执行。

【相关链接】

●法律依据:《行政强制法》第8条第1款规定:"公民、法人或者其他组织对行政机关实施行政强制,享有陈述权、申辩权;有权依法申请行政复议或者提起行政诉讼;因行政机关违法实施行政强制受到损害的,有权依法要求赔偿。"第24条规定:"行政机关决定实施查封、扣押的,应当履行本法第十八条规定的程序,制作并当场交付查封、扣押决定书和清单。查封、扣押决定书应当载明下列事项:(一)当事人的姓名或者名称、地址;(二)查封、扣押的理由、依据和期限;(三)查封、扣押场所、设施或者财物的名称、数量等;(四)申请行政复议或者提起行政诉讼的途径和期限;(五)行政机关的名称、印章和日期。查封、扣押清单一式二份,由当事人和行政机关分别保存。"第25条第1款规定:"查封、扣押的期限不得超过三十日;情况复杂的,经行政机关负责人批准,可以延长,但是延长期限不得超过三十日。法律、行政法规另有规定的除外。"第18条规定:"行政机关实施行政强制措施应当遵守下列规定:(一)实施前须向行政机关负责人报告并经批准;(二)由两名以上行政执法人员实施;(三)出示执法身份证件;(四)通知当事人到场;(五)当场告知当事人采取行政强制措施的理由、依据以及当事人依法享有的权利、救济途径;(六)听取当事人的陈述和申辩;(七)制作现场笔录;(八)现场笔录由当事人和行政执法人员签名或者盖章,当事人拒绝的,在笔录中予以注明;(九)当事人不到场的,邀请见证人到场,由见证人和行政执法人员在现场笔录上签名或者盖章；（十）法律、法规规定的其他程序。"第10条第4款规定："法律、法规以外的其他规范性文件不得设定行政强制措施。"第17条第1款规定："……行政强制措施权不得委托。"

●根据所针对的对象不同可将行政强制权分为对人身的强制权、对财产的强制权、对行为的强制权。

对人身的强制权，是指拥有行政强制权的行政主体基于一定的行政目的，对特定相对方采取的限制其人身自由，或对其人身采取检查、留置等强制权力的总称。根据《立法法》规定，对公民政治权利的剥夺、限制人身自由的强制措施和处罚，属于全国人民代表大会及其常务委员会的专属立法事项。这体现了最高权力机关对公民人身自由这一宪法性基本权利的高度重视，也意味着限制公民人身自由的强制权力的设定和行使只能由全国人大及其常委会以法律的形式进行规定，行政法规、地方性法规和行政规章都不能对此进行设定。除了限制人身自由的强制手段，对人身的强制权还包括对公民的人身采取的检查、留置盘问、传唤等手段，这些是行政管理不可缺少的手段，从现行立法看，大量的行政机关都拥有这方面的权力。

对财产的强制权，是指拥有行政强制权的行政主体基于一定的行政目的，对特定相对方的财产行使的所有强制权力的总称。这类强制权或者表现为影响相对方对其财产的使用权，如查封、扣押、冻结等；或者表现为对行政决定所确定的有关财产的义务的落实，如强制拆除、强制扣缴、划拨等；或者表现为科以相对方新的金钱给付义务，即执行罚，以促使相对方履行义务，如滞纳金等。由于财产可分为动产和不动产，因而对财产的强制也有对动产的强制和对不动产的强制之分。

对行为的强制权，是指拥有行政强制权的主体基于一定的行政目的，针对特定相对方的行为所行使的强制权的总称。对行为的强制权以行政相对方负有法定的作为或不作为义务为前提。如《兵役法》规定的强制服兵役这一强制手段，其前提就是相对方基于法律的一般规定和行政机关的具体行政决定负有服兵役的作为义务，即相对方的义务内容是作为性的行为义务。虽然强制服兵役行为的外在表现是对相对方人身的强制以实现行政管理目的，但它不同于强制拘留中的人身性义务，也区别于某些财产性义务，行使这类强制权的目的是促使其履行法定的作为或不作为义务。

五、行政征收权

行政征收权是指行政机关或者法定授权的组织根据法律、法规的规定，向公民、法人或者其他组织无偿收取一定财物的行政权力。行政征收须以公民、法人或者其他组织负有行政法上的缴纳义务为前提，其实质是国家以强制方式无偿取得管理相对人一定财产所有权。

1. 免费公开政府信息　保护公民知情权

案例：2013年8月，苏州市民范某到吴江某行政单位查询企业资料，被要求缴纳100元查询费。范某因复议不成，向法院提起行政诉讼，要求确认该单位收费行为违法。经法院确认，该单位向范某提供公司登记信息时收取100元费用的行为违法，损害了公民的知情权。

2. 政策优惠有前提　想走捷径不可取

案例：2008年9月10日，某市防空办公室向某房产公司送达《限期办理"结建"审批手续告知书》，告知其新建的经济适用住房"秋实第一城"住宅小区工程未按照《中华人民共和国人民防空法》第22条，《人民防空工程建设管理规定》第45条、第47条的规定同时修建战时可用于防空的地下室，要求房产公司9月14日前到市防空办办理"结建"手续，并提交相关资料。2009年6月18日，市防空办对房产公司作出人防征费字（001）号《某市防空办公室征收防空地下室易地建设费决定书》，决定对房产公司的"秋实第一城"项目征收"防空地下室易地建设费"172.46万元。房产公司对"秋实第一城"项目应建防空地下室5518平方米而未建无异议，但对缴纳相关费用有异议。该房产公司对相关法律法规的理解有偏差，忽视了政策优惠是有前提的。

【专家点评】

案例1中，该行政单位以企业资料查询费的形式向当事人收取费用是违反法律规定的。企业资料属于政府信息公开范畴，对此类公开信息，行政机关只能收取复制费，不应收取其他费用。

案例2中，国务院《关于解决城市低收入家庭住房困难的若干意见》第16条规定："廉租住房和经济适用住房建设、棚户区改造、旧住宅区整治一律免收城市基础设施配套费等各种行政事业性收费和政府性基金。"建设部等七部委《经济适用住房管理办法》第8条规定："经济适用住房建设项目免收城市基础设施配套费等各种行政事业性收费和政府性基金。"上述关于经济适用住房等保障性住房建设项目免收各种行政事业性收费的规定，虽然没有明确其调整对象，但从立法本意来看，其指向的对象应是合法建设行为。《人民防空法》第22条规定:"城市新建民用建筑,按照国家有关规定修建战时可用于防空的地下室。"《人民防空工程建设管理规定》第48条规定:"按照规定应修建防空地下室的民用建筑,因地质、地形等原因不宜修建的,或者规定应建面积小于民用建筑地面首层建筑面积的,经人民防空主管部门批准,可以不修建,但必须按照应修建防空地下室面积所需造价缴纳易地建设费,由人民防空主管部门就近易地修建……"即只有在法律法规规定不宜修建防空地下室的情况下,经济适用住房等保障性住房建设项目才可以不修建防空地下室,并适用免除缴纳防空地下室易地建设费的有关规定。免缴防空地下室易地建设费有关规定适用的对象不应包括违法建设行为,否则就会造成违法成本小于守法成本的情形,违反立法目的,不利于维护国防安全和人民群众的根本利益。该房产公司对依法应当修建的防空地下室没有修建,属于不履行法定义务的违法行为,不能适用免缴防空地下室易地建设费的有关优惠政策。

【相关链接】

● 法律依据:《政府信息公开条例》第27条规定:"行政机关依申请提供政府信息,除可以收取检索、复制、邮寄等成本费用外,不得收取其他费用。行政机关不得通过其他组织、个人以有偿服务的方式提供政府信息。行政机关收取检索、复制、邮寄等成本费用的标准由国务院价格主管部门会同国务院财政部门制定。"

《人民防空工程建设管理规定》第48条规定:"按照规定应修建防空地下室的民用建筑,因地质、地形等原因不宜修建的,或者规定应建面积小于民用建筑地面首层建筑面积的,经人民防空主管部门批准,可以不修建,但必须按照应修建防空地下室面积所需造价缴纳易地建设费,由人民防空主管部门就近易地修建。"

●行政征收主要有以下几种：

1. 税收征收。是行政征收中最主要的方面。

2. 资源费征收。在我国，城市土地、矿藏、水流、山岭、草地、荒地、滩涂等自然资源属于国家所有。单位和个人在开采、使用国有资源时必须依法向国家缴纳资源费。如水资源费的征收、矿产资源补偿费的征收等。

3. 建设资金征收。这是为确保国家的重点建设，解决重点建设资金不足问题，面向公民、法人或其他组织实施的征收，如港口建设费的征收。

4. 排污费征收。

5. 滞纳金征收。

6. 其他法律、法规规定的征收内容。

●行政征收具有三大特征：

1. 强制性。行政征收机关实施行政征收行为，实质上是履行国家赋予的征收权，这种权力具有强制他人服从的效力。因此，实施行政征收行为，不需要征得相对人的同意，甚至可以在违背相对人意志的情况下进行。征收的对象、数额及具体程序，完全由行政机关依法确定，无须与相对人协商一致。行政相对人必须服从行政征收命令，否则应承担一定的法律后果。

2. 无偿性。国家为了完成其职能，维护其统治，必须耗用一定的物质资财，而作为凌驾于社会生产之上的管理机构的国家行政机关，其本身并不直接从事生产、创造财富。因而，只有凭借国家行政权力，通过行政征收来取得所需物质资财。行政相对人的财产一经国家征收，其所有权就转移为国家所有，成为国家财产的一部分，由国家负责分配和使用，以保证国家财务开支的需要。行政征收必然是无偿的，是财产的单向流转，无须向被征收主体偿付报酬。

3. 法定性。行政征收直接指向的是行政相对人的经济利益，由于其强制性和无偿性，决定了其对相对人的权益始终具有侵害性。因此，为了确保行政相对人的合法权益不受违法行政征收行为的侵害，必须确立行政征收法定的原则。将行政征收的整个过程纳入法律调整的范围，使具体的行政行为受相对稳定的法律支配，使行政征收项目、行政征收金额、行政征收机关、行政征收相对人、行政征收程序都有法律上的明确依据，这是现代行政特别是侵益行政行为所必须遵循的原则。只要没有法律根据，任何擅自决定征收的行为，都是侵害相对人合法权益的侵权行为，都为国法所不容。

●由于税和费的自身特性，决定了行政征收的交纳主体具有相当的广泛性。根据有关法律规定，国有企业、集体所有制企业、中外合资企业、外资企业和外国企业、行政机关和事业单位、个体工商户、专业户和一般公民个人，在符合一定条件时均可能成为缴纳主体。

●行政征收主体与缴纳主体之间的关系是管理与被管理的关系。在具体的征收活动中，征收主体总是以管理者的身份出现的，而缴纳主体始终处于被管理者的地位。缴纳主体作为被管理者，并不意味着在行政征收过程中完全处于被动的地位，而是有权依法向征收主体主张自己的权利。

六、行政裁决权

行政裁决权是指国家行政机关依据法律、法规的授权，以居间裁决者的身份，对特定范围内与裁决机关行政管理职权密切相关的民事纠纷依法作出处理的行政权力。

1. 拆迁补偿说不清　政府帮忙来裁决

案例：甲集团公司经 A 市人民政府的批准，在该市的繁华地段建商业大厦，为此住在这一地段的 40 户居民要拆迁。甲集团公司取得该市房屋拆迁主管部门的许可后，分别与 40 户居民就拆迁补偿形式和补偿金额、安置用房面积和安置地点、搬迁过渡方式和过渡期限等问题进行协商并与 26 户居民签订协议，另外的 14 户居民就拆迁补偿金额有分歧而未能达成协议。就此甲集团公司与这 14 户居民向批准拆迁的房屋拆迁主管部门申请裁决。A 市房屋拆迁主管部门根据国务院《城市房屋拆迁管理条例》① 关于"拆迁人与被拆迁人对补偿形式和补偿金额、安置用房面积和安置地点、搬迁过渡方式和过渡期限，经协商达不成协议的，由批准拆迁的房屋拆迁主管部门裁决"的规定，裁决甲集团公司一次性补偿拆迁费的数额。

2. 注册商标冲突　先行裁决再起诉

案例： 原告某糖果厂诉被告某食品厂商标侵权一案中，原告在某固体饮料上注册了"乐"字牌商标，后被告在"果子晶、果子粉、乳酸饮料"等商品上注册了"桑"字牌商标。两商标相近似。原告糖果厂向法院提起诉讼认为，被告食品厂在类似商品上使用与其商标相近似的商标，构成商标侵权。法院告知原告应先行经行政撤销程序，并判决驳回原告诉讼请求。法院的理由是，原告"乐"字牌商标与被告"桑"字牌商标均获商标注册，应由当事人首先提请行政裁决部门解决商标权利冲突问题，然后再向法院请求处理侵权纠纷。在现行法律框架下，法院不直接受理的案件范围主要是注册商标之间的冲突，此类案件适用行政前置程序，当事人应当首先向行政主管机关申请解决。

【专家点评】

案例 1 中，A 市房屋拆迁主管部门的行为属于行政裁决行为。该案中，甲集团公司与 14 户居民因房屋拆迁补偿协议的纠纷属于民事主体之间的民事纠纷，依照法律规定，这一纠纷可以由行政机关裁决，它符合行政裁决的主要特征，属于行政

---

① 此处是指 1991 年 6 月 1 日实施的《城市房屋拆迁管理条例》，后被 2001 年 11 月 1 日实施的《城市房屋拆迁管理条例》所废止，后又被 2011 年 1 月 21 日实施的《国有土地上房屋征收与补偿条例》所废止。下同——编者注。

裁决行为。若甲集团公司对行政裁决不服，可就 A 市房屋拆迁主管部门的行政裁决行为向人民法院提起行政诉讼，由人民法院对行政机关的补偿决定的合法性加以审查并作出裁判，且可一并要求人民法院解决双方当事人之间就拆迁补偿问题的民事纠纷。

案例 2 中，首先，依据最高人民法院《关于审理注册商标、企业名称与在先权利冲突的民事纠纷案件若干问题的规定》规定，原告以他人使用在核定商品上的注册商标与其在先的注册商标相同或者近似为由提起诉讼的，人民法院应当根据《民事诉讼法》[①] 第 111 条第（三）项的规定，告知原告向有关行政主管机关申请解决。这样的规定第一个考虑到的是商标注册采取全国统一集中授权制度，采取行政前置程序是为了维护此种集中授权体系。其次，发生冲突后，现行《商标法》设置了较为完善的法律救济程序和途径，规定了注册商标不当的撤销程序。在先权利人如认为注册不当，可到商标评审委员会申请撤销在后商标，然后再到法院请求民事救济。最后，注册商标之间的冲突属于商标行政裁决机构专业范围，商标评审委员会有丰富的经验和扎实的专业知识对此类冲突进行处理。

【相关链接】

● **法律依据**：《城市房屋拆迁管理条例》第 14 条规定："拆迁人与被拆迁人对补偿形式和补偿金额、安置用房面积和安置地点、搬迁过渡方式和过渡期限，经协商达不成协议的，由批准拆迁的房屋拆迁主管部门裁决。被拆迁人是批准拆迁的房屋拆迁主管部门的，由同级人民政府裁决。"

《商标法》第 60 条规定："有本法第 57 条所列侵犯注册商

---

① 此处是指 2007 年 10 月 28 日颁布的《民事诉讼法》，已根据 2012 年 8 月 31 日第十一届全国人民代表大会常务委员会第二十八次会议《关于修改〈中华人民共和国民事诉讼法〉的决定》修正。——编者注。

标专用权行为之一,引起纠纷的,由当事人协商解决;不愿协商或者协商不成的,商标注册人或者利害关系人可以向人民法院起诉,也可以请求工商行政管理部门处理。"

●行政裁决是一种依申请而进行的居间裁判。与行政执法活动相比,行政裁决更重视公正的价值取向,而相较于司法活动,行政裁决又拥有绝对的效率优势,更加切合现代社会管理的需要。目前我国的行政裁决主要有权属纠纷裁决、侵权纠纷裁决、损害赔偿纠纷裁决等几类,相关规定散见于法律、法规、部门规章中,尚未形成统一的制度体系。

●2014年10月,党的十八届四中全会作出的《关于全面推进依法治国若干重大问题的决定》提出,要"健全行政裁决制度,强化行政机关解决同行政管理活动密切相关的民事纠纷功能"。这是健全我国社会矛盾预防化解机制的一项重要决策,对于新形势下化解民间纠纷、维护社会和谐稳定具有重要的指导意义。2015年2月,最高人民法院发布《关于全面深化人民法院改革的意见——人民法院第四个五年改革纲要(2014—2018)》。该文件指出,要"健全多元化纠纷解决机制。继续推进调解、仲裁、行政裁决、行政复议等纠纷解决机制与诉讼的有机衔接、相互协调,引导当事人选择适当的纠纷解决方式,推动在征地拆迁、环境保护、劳动保障、医疗卫生、交通事故、物业管理、保险纠纷等领域加强行业性、专业性纠纷解决组织建设,推动仲裁制度和行政裁决制度的完善"。在此背景下,行政裁决的制度价值已经逐渐得到关注与重视。

●行政裁决的特征有以下几个方面:

1. 行政裁决的主体是法律法规授权的行政机关。行政裁决是经法律法规授权的特定行政机关,而不是司法机关,但是并非任何一个行政机关都可以成为行政裁决的主体,只有那些对特定行政管理事项有管理职权的行政机关,经法律法规明确授权,才能对其管理职权有关的民事纠纷进行裁决,成为行政裁决的主体。如《商标法》《专利法》等对侵权赔偿争议和权属争议作出规定，授权有关行政机关对这些争议予以裁决。

2. 行政裁决的民事纠纷与行政管理有关。当事人之间发生了与行政管理活动密切相关的民事纠纷，是行政裁决的前提。随着社会经济的发展和政府职能的扩大，行政机关获得了对民事纠纷的裁决权。但行政机关参与民事纠纷的裁决并非涉及所有民事领域，只有在民事纠纷与行政管理密切相关的情况下，行政机关才对该民事纠纷进行裁决，以实现行政管理的目的。

3. 行政裁决是依申请的行政行为。争议双方当事人在争议发生后，可以依据法律法规的规定，在法定的期限内向特定的行政机关申请裁决。没有当事人的申请行为，行政机关不能自行启动裁决程序。

4. 行政裁决具有准司法性。行政裁决是行政机关行使裁决权的活动，具有法律效力。行政机关在实施行政裁决时，是以第三者的身份居间裁决民事纠纷，有司法性质，同时又是以行政机关的身份裁决争议，具有行政性质。因此，行政裁决具有司法性和行政性，称为准司法性。

5. 行政裁决是一种具体行政行为。行政机关依照法律法规的授权针对特定的民事纠纷进行裁决，是对已经发生的民事纠纷依职权作出的法律结论。这种行政裁决具有具体行政行为的基本特征。行政相对人不服行政裁决而引起的纠纷属于行政纠纷。对此，除属于法定终局裁决的情形外，当事人可依法申请行政复议或提起行政诉讼。

● 根据我国目前法律、法规的规定，行政裁决的种类有以下几种：

1. 侵权纠纷的裁决。侵权纠纷是由于一方当事人的合法权益受到他方侵犯而产生的纠纷。平等主体一方当事人涉及行政管理的合法权益受到他方侵害时，当事人可以依法申请行政机关进行制止和决定赔偿，行政机关就此争议作出裁决。法律明文规定行政主体在对违法行为作出处理的同时，对违法行为人的侵权行为造成他人的损害可依法作出强制性赔偿裁决。如《水污染防治法》第86条规定："因水污染引起的损害赔偿责任和赔偿金额的纠纷，可以根据当事人的请求，由环境保护主管部门或者海事管理机构、渔业主管部门按照职责分工调解处理；调解不成的，当事人可以向人民法院提起诉讼。当事人也可以直接向人民法院提起诉讼。"

2. 补偿纠纷的裁决。补偿，在现代汉语中的解释是"抵消损失、消耗，补足缺失、差额"，在法学词语中，是指对财产侵害行为造成损失的补偿，着眼于被剥夺的财物，予以公平弥补。如前述案例中提到的《城市房屋拆迁管理条例》第14条的规定。涉及补偿的还有草原、水面、滩涂、土地征用的补偿等。

3. 损害赔偿纠纷裁决。损害赔偿纠纷是一方当事人的权益受到侵害后，要求侵害者给予损害赔偿所引起的纠纷。这种纠纷通常存在于食品卫生、药品管理、环境保护、医疗卫生、产品质量、社会福利等方面。产生损害纠纷时，权益受到损害者可以依法要求有关行政机关作出裁决，确认赔偿责任和赔偿金额，使其受到侵害的权益得到恢复或赔偿。

4. 权属纠纷的裁决。权属纠纷，是指双方当事人因某一财产的所有权或使用权的归属产生争议，包括土地、草原、水流、滩涂、矿产等自然资源的权属争议，双方当事人可依法向行政机关请求确认，并作出裁决。如《土地管理法》第16条规定："土地所有权和使用权争议，由当事人协商解决；协商不成的，由人民政府处理。单位之间的争议，由县级以上人民政府处理；个人之间、个人与单位之间的争议，由乡级人民政府或者县级以上人民政府处理。当事人对有关人民政府的处理决定不服的，可以自接到处理决定通知之日起三十日内，向人民法院起诉。"人民政府对土地权属争议所作的处理，就是行政裁决。

5. 国有资产产权裁决。如《国有资产产权界定和产权纠纷处理暂行办法》第29条规定:"全民所有制单位之间因对国有资产的经营权、使用权等发生争议而产生的纠纷,应在维护国有资产权益的前提下,由当事人协商解决。协商不能解决的,应向同级或共同上一级国有资产管理部门申请调解和裁定,必要时报有权管辖的人民政府裁定,国务院拥有最终裁定权。"

6. 专利强制许可使用费裁决。如《专利法》第57条规定:"取得实施强制许可的单位或者个人应当付给专利权人合理的使用费,或者依照中华人民共和国参加的有关国际条约的规定处理使用费问题。付给使用费的,其数额由双方协商;双方不能达成协议的,由国务院专利行政部门裁决。"

7. 劳动工资、经济补偿裁决。所谓劳动工资、经济补偿纠纷,是指因用人单位克扣或者无故拖欠劳动者工资、拒不支付劳动者延长工作时间工资报酬、低于当地最低工资标准支付劳动者工资,或者解除劳动合同后未依法给予劳动者经济补偿而发生的纠纷。如《劳动合同法》第85条规定:"用人单位有下列情形之一的,由劳动行政部门责令限期支付劳动报酬、加班费或者经济补偿;劳动报酬低于当地最低工资标准的,应当支付其差额部分;逾期不支付的,责令用人单位按应付金额百分之五十以上百分之一百以下的标准向劳动者加付赔偿金:(一)未按照劳动合同的约定或者国家规定及时足额支付劳动者劳动报酬的;(二)低于当地最低工资标准支付劳动者工资的;(三)安排加班不支付加班费的;(四)解除或者终止劳动合同,未依照本法规定向劳动者支付经济补偿的。"

8. 民间纠纷的裁决。如国务院颁布的《民间纠纷处理办法》规定,基层人民政府可以依法裁决民间纠纷。基层人民政府对民间纠纷作出处理决定应当制作处理决定书,并经基层人民政府负责人审定、司法助理员署名后加盖基层人民政府印章。

基层人民政府作出的处理决定，当事人必须执行。如有异议的，可以在处理决定作出后，就原纠纷向人民法院起诉。超过 15 日不起诉又不执行的，基层人民政府根据当事人一方的申请，可以在其职权范围内，采取必要的措施予以执行。

七、行政给付权

行政给付是行政机关在特定情况下,依法向符合条件的申请人提供物质利益或赋予其与物质利益有关的权益的行为。如发放抚恤金、生活补助费、安置费和救济等。

1. 建设经济适用房　保障低收入群体

案例:某市一个经济适用房社区的第六期楼盘开始放号,12小时内,5000个房号发放一空,结局则是有人欢喜有人愁:闻讯赶到的后来者被挡在了门外;而排队的人也不是个个如愿以偿。"买房子简直就像抢购大白菜!"一位购房者事后感慨。有人为此甚至两宿未合眼,最后却没有领到房号(只有拿到房号才有购房资格)。更多的普通市民针对经济适用房只售予困难群体表示不满。对此，该市日报刊登文章，向广大市民讲解经济适用房的有关法规、政策，特别是经济适用房的保障对象是低收入群体，而被纳入低收入群体是要符合一定标准的。

2. 下班路上受工伤　工伤保险来帮忙

案例：宁某原系 A 县某公司职工，于 2005 年 6 月 1 日参加了工伤保险。2006 年 3 月 14 日晚，宁某在下班回家途中发生交通事故受伤。2007 年 1 月 26 日，宁某获得肇事车主 128203.52 元赔偿款。2007 年 10 月 12 日，A 县人力资源和社会保障局认定宁某的受伤为工伤。2007 年 12 月 6 日，劳动鉴定委员会鉴定宁某为一级伤残。2008 年 4 月，宁某向 A 县社会保险事业管理中心申请一次性工伤保险待遇。A 县社会保险事业管理中心于 2008 年 4 月 14 日按照总额补差的办法，核定医药费 13616.86 元，一次性享受工伤保险待遇 218553.5 元。宁某不服，宁某经行政复议无果后，提起诉讼。法院认为总额补差的算法有误，判决 A 县社会保险事业管理中心重新核定宁某的工伤保险待遇数额。

【专家点评】

案例 1 中，经济适用房属于社会福利范畴，也是一种行政给付。而行政给付只针对特定的对象，经济适用房的特定对象就是住房困难的城市低收入群体。

案例 2 中，宁某在交通事故人身损害赔偿中，已获得肇事车主的赔偿，由于医药费是补偿性质的，不能重复计算，故 A 县社会保险事业管理中心核定后支付给宁某 13616.86 元医疗费，合法有据。因第三人侵权赔偿与工伤赔偿保险机制目前在法律上是并行不悖的，一个属于私权范畴，一个属于公权范畴，二者不能混用，也不能相互替代。因此，A 县社会保险事业管理中心应重新核定宁某一次性享受工伤保险待遇的数额。

【相关链接】

●**法律依据**：《经济适用住房管理办法》第2条规定："本办法所称经济适用住房，是指政府提供政策优惠，限定套型面积和销售价格，按照合理标准建设，面向城市低收入住房困难家庭供应，具有保障性质的政策性住房。本办法所称城市低收入住房困难家庭，是指城市和县人民政府所在地镇的范围内，家庭收入、住房状况等符合市、县人民政府规定条件的家庭。"

●我国在古代就已存在给付行政的理念，如《尚书》中写道："德惟善政，政在养民。"只是那时的理念是为了缓解阶级矛盾、维护统治者的地位，给付仅是对人民的施舍，还不具有现代行政法中给付行政的内涵。在西方国家，基督教的慈善与博爱主要就是通过济贫来体现的。在资本主义革命后，人权思想得以推广，随后便演变为政府的一种责任。英国于1601年制定的《济贫法》开创了世界上行政给付立法的先河。近代福利制度的确立充分体现了近代的民权思想，使国家的行政给付责任有了明确的法律基础。

●**行政给付的特征：**

1. 行政给付以行政相对人的申请为条件。也就是说，行政相对人要获得相关的物质帮助，必须事先向有权实施一定给付行为的行政机关提出申请。即使是在自然灾难等特殊条件之下的行政给付行为，一般也需要行政相对人在领取救济物资时办理一定的手续，这些手续可以视为一种补办的行政给付申请。

2. 行政给付是一种行政行为。行政给付的主体一般是行政机关，但是也包括法律、法规授权的社会组织。在很多国家和地区，行政给付的方式逐步趋向多样化。在许多领域内，行政给付并不是由行政机关直接实施，而是由行政机关拨出专门的款项，支持某些社会福利组织或社会公益事业单位来实施。只要这种给付行为有特定的法律依据,它就仍然属于一种行政行为。

3. 行政给付的内容是赋予行政相对人一定的物质帮助权益。行政给付的内容是行政机关给予行政相对人一定的物质利益,这种物质利益表现为一定的金钱、物品等实物。实际上,行政给付作为一种行政行为,它的内容主要是赋予行政相对人一定的物质帮助权益。至于行政主体所为的给予行政相对人一定实物的行为,只是对该行政给付行为的执行行为,在性质上属于行政事实行为。

4. 行政给付的对象是处于某种特殊状态之下的行政相对人。究竟何种特殊状态之下的行政相对人可以成为行政给付行为的对象,必须由规范性法律文件作出明确的规定。因为行政给付的基础是国家的财税收入,国家机关的一切财政收支必须依法进行,而不得随意支配。一般而言,行政给付的对象是因为某种原因而生活陷入困境的公民与对国家、社会曾经作出过特殊贡献的公民,如灾民、残疾人、鳏寡孤独的老人与儿童,革命军人及其家属、革命烈士家属等。

●根据我国有关行政给付的法律、法规,我国的行政给付形式主要包括以下几类:

1. 抚恤金。抚恤金的发放对象主要是烈士和因公殉职、负伤、病故、残废的军人、警察或者其家属,其主要形式又包括革命军人牺牲病故抚恤金、革命残疾军人抚恤金、护理费、治疗费等。

2. 生活补助费。生活补助费的发放对象主要是烈军属、复员退伍军人,以及因工伤事故致残的公民,其主要形式包括复员退伍军人与烈军属定期定量生活补助费、临时补助费,因公伤残补助费等。

3. 安置。安置的形式主要有发放安置费与提供一定的住所等。安置费的发放对象主要是复员、转业、退伍军人,如复员军人建房补助费。

4. 救济。救济的形式包括发放救济金与发放救济物资等，其对象主要是因为某种情况而生活陷入困境的公民，如农村的"五保"户、贫困户，城镇的贫困户，发生自然灾难的地区的灾民等。

5. 优待。优待的对象是生活上处于某种困境的公民或者法律、法规规定应该予以优待的特定社会成员，如贫困学生、独生子女等。对于上述优待对象，行政主体可以根据相关的法律、法规减免其学费，或者提供其他的优待措施。

6. 社会福利。社会福利的对象既包括一般的公民，又包括某些特殊身份的社会成员，其基本方式是举办社会福利事业或者发放社会福利金。社会福利事业一般由政府采取资金扶助及政策优惠的方式扶植某些社会福利机构的发展，如社会福利院、儿童福利院、敬老院，以及安置机构、社会残疾人团体、福利生产单位与科研机构（如假肢科研机构与生产企业）等。

八、行政奖励权

行政奖励,是指行政主体为了达到其行政目的或施政意图,根据法律等规范性文件的规定,依照法定的授奖程序,对做了相关行为的行政相对人给予物质、精神或者权能奖励的授益性的、非强制性的具体行政行为。

1. 价格举报　人人有责

案例:消费者 A 在杭州某超市购买康师傅酸菜牛肉桶面时,发现产品标价签标示规格 122 克,产品外包装标示规格 121 克,遂向价格监管部门举报。当地价格监管部门认为"商品标价签标示规格与商品外包装标示规格不符,属于不按规定的内容和方式明码标价的价格违法行为",故依法对该超市处以 3000 元的罚款。A 要求获得举报奖励,得到了价格监管部门的支持。

2. 爱心公益助社会　个人隐私要保护

案例：企业家 B 心系社会，每年向当地慈善事业捐赠大量款物。当地政府为感谢 B 的贡献，拟在一年一度的表彰大会上公开向 B 授予奖状，并邀其作为典型发言。B 向来为人低调，想拒绝该奖，但政府工作人员告诉他，发言可以免，但荣誉必须接受。工作人员的理解是错误的，因为任何人都享有隐私保护权。

【专家点评】

案例 1 中，A 的要求是合理的。任何单位和个人均有权对价格违法行为进行举报。政府价格主管部门应当对举报者给予鼓励，并负责为举报者保密。

案例 2 中，政府工作人员的话是错误的。行政奖励是典型的非强制性行政行为，不能强迫受奖人接受奖励。

【相关链接】

● 法律依据：《价格法》第 38 条第 2 款规定："任何单位和个人均有权对价格违法行为进行举报。政府价格主管部门应当对举报者给予鼓励，并负责为举报者保密。"

《价格违法行为举报处理规定》第 16 条规定："价格主管部门应当为举报人保密，并对符合相关规定的举报人给予鼓励。"

《公益事业捐赠法》第 8 条第 3 款规定："对公益事业捐赠有突出贡献的自然人、法人或者其他组织，由人民政府或者有关部门予以表彰。对捐赠人进行公开表彰，应当事先征求捐赠人的意见。"

● 根据行政奖励的内容可分为物质奖励、精神奖励、权能奖励。

物质奖励是指一定的奖金、奖品或者其他实物形式作为奖励手段，满足行政相对人的物质利益需要。物质奖励是行政奖励的普遍形式。世界上其他国家大多采用这一方式，而在物质奖励当中，奖金又是其基本形式。

精神奖励，是指授予荣誉称号等具有一定象征意义的符号，或对行政相对人的价值观念、行为方式等作为奖励的手段，旨在满足行政相对人的精神需要。例如，我国对运动员的精神奖励，是优秀运动员各种奖励活动的出发点和归宿点，是各种奖励的原则主线。

权能奖励是赋予行政相对人享有从事某种活动或获得一定权利的资格，常运用于文化、教育等社会领域，例如在升学、就业等方面予以优先考虑等。如某省为鼓励大学生到艰苦地区工作，出台了下列优惠政策：凡主动到基层、农村、偏远山区工作的毕业生，财政部门将给予财政支持，"支边"两年及以上者报考研究生，将优先予以推荐和录取；在艰苦地区工作过的毕业生若报考机关公务员和应聘国有企事业单位的，在同等条件下，优先录用。

● 我国的行政奖励制度历史悠久，早在春秋战国时期，当时的思想家们就发表了他们对于行政奖励的观点，对行政奖励这一行为的重要性给予了肯定性的回答。墨子有云："善人赏而暴人罚，则国必治。"统治者们也充分意识到"奖励"对于维护自身统治的重要作用，大力推行行政奖励。秦朝的《厩苑律》《牛羊课》以及唐朝的《厩库律》就针对牛马的饲养作了考核评比方面的规定，在农历新年由政府对牛马的饲养状况进行相应考核，优秀者就可以赢得奖励。清朝的时候，政府为了发展工商业，颁布了《奖励公司章程》等。在民国初年，南京政府也出台了一批有奖励向导性的法律法规，如《公海渔业奖励条例》等。

● 作为非强制性行政行为的典型代表之一，在世界范围内，行政奖励已经被多数国家广泛适用于社会生活的各个角落，在国家的治理中发挥着独有的激励和引导作用。其与政府的施政目的紧密联系决定了其在政治经济生活中的重要地位，可见行政奖励作为一个风向标,在一定程度上可以体现一个国家的综合实力。越来越多的国家意识到其重要作用,纷纷立法,最普遍的行政奖励方面的立法当属科技和税收领域。

● 为了促进社会各个领域的发展,西方国家通过立法的方式分门别类地设置了诸多行政奖励法律法规。比如,美国从20世纪50年代末至90年代末相继设立国家总统科学奖、国家总统技术奖,用来奖励在科学与技术领域做出卓越贡献的科学家及学者;设立费米总统奖,以此来表彰那些在金属与能源科学方面做出重大成绩的科学家和工程师们;设立国家质量奖,以此来促进激励产品质量的改善及推动企业经营方法的改革;设立绿色化学奖,奖励在化学工业中取得重大成果的团体及个人;设立总统杰出青年奖,鼓励广大青年科学家从事科学研究工作。

● 新中国成立以后,颁布了许多有关行政奖励的法律法规,从法律上确认了行政奖励在国家治理实践中的地位。我国现行《宪法》第20条规定:"国家发展自然科学和社会科学事业,普及科学和技术知识,奖励科学研究成果和技术发明创造。"第42条第3款规定:"国家提倡社会主义劳动竞赛,奖励劳动模范和先进工作者。"当前除《宪法》外,我国还有多部法律规定了行政奖励,如《民族区域自治法》《公务员法》《科技进步法》《产品质量法》《海关法》《劳动法》《税收征收管理法》《土地管理法》《环境保护法》《教师法》《文物保护法》《行政监察法》等。

● 由于各种原因,一些领域的行政奖励一直未纳入法律规范内,致使许多应受到鼓励和奖赏的行为得不到应有的奖励。以见义勇为为例,行政相对人实施救助属于见义勇为,有利于树立良好的社会道德风尚,理应被授以奖励,但目前我国尚没有制定一部统一的见义勇为法律规范。这种立法上的缺位,使许多见义勇为者的权利得不到法律的保护。

九、其他行政权力

其他行政权力是指除上述行政权力以外的其他权力,如行政征用、调解、验收、备案等。

1. 警察征用有前提　出示证件为公务

案例：4名警察到武夷山游玩,游玩期间1名警察受伤,因伤势严重需要立即送往医院,其他3名警察在路边拦车,因其身穿便衣以及景区客车人员满载许久拦不到车,于是1名警察拦下车辆并出示了警察证对司机说："我们是警察,正在执行公务,需要征用你的车辆。"征用车辆后,由于开车太过心急发生车祸,车辆损坏。车辆作为司机的私有财产,即使警察因执行公务而征用,也应对造成的损失予以赔偿。

2. 防汛任务最紧急　人民安全放第一

A. 权力清单告诉你行政权力的边界在哪里

案例：某地有一河堤汛期突然出现险情，急需挖掘机与翻斗机，防汛指挥部即对附近的1台挖掘机和1台翻斗机下达了征调令。机主拒绝被征用，但其机器被防汛指挥部的工作人员强行征用。工作人员对机主进行批评教育，告知他公共利益大于个人利益，若造成机器损坏，会予以相应的补偿。

【专家点评】

因侦查犯罪的需要，警察经出示相关证件，可以征用私人交通工具，事后应予以适当补偿，造成被征用人损失的，应予以赔偿。案例1中，四名警察并未处于履行职责期间，因此无权征用私人车辆。对于同伴受伤，可以普通公民身份求助，造成私人车辆损坏的，应予以赔偿。案例2中，防汛指挥部的征用措施是合法的，但事后若未及时归还，应适当补偿机主。

【相关链接】

● **法律依据**：《人民警察法》第13条规定："公安机关的人民警察因履行职责的紧急需要，经出示相应证件，可以优先乘坐公共交通工具，遇交通阻碍时，优先通行。公安机关因侦查犯罪的需要，必要时，按照国家有关规定，可以优先使用机关、团体、企业事业组织和个人的交通工具、通信工具、场地和建筑物，用后应当及时归还，并支付适当费用；造成损失的，应当赔偿。"

《防汛条例》第32条第1款规定："在紧急防汛期，为了防汛抢险需要，防汛指挥部有权在其管辖范围内，调用物资、设备、交通运输工具和人力，事后应当及时归还或者给予适当补偿。因抢险需要取土占地、砍伐林木、清除阻水障碍物的，任何单位和个人不得阻拦。"

● 行政征用权是行政主体为了公共利益的需要，在给予公平补偿的条件下，依照法定程序强制取得行政相对人财产权利的一种行政权力。

行政征收是指行政主体依法强制无偿取得行政相对人财产所有权的具体行政行为。主要有行政征税和行政收费两种情况。

行政征用与行政征收都是因公益而以强制方式获取行政相对人的财产权利，但二者的区别也很明显，表现为：（1）行政征收取得行政相对人财产权是无偿的；但行政征用取得行政相对人的财产权利是有偿的，即必须进行补偿。（2）行政征收具有普遍性，针对的行政相对人范围广、不特定，且行政相对人本身即有缴纳税费的法定义务；行政征用的行政相对人特定、范围局限，本身无缴纳义务，只是因为公共利益的需要而被迫做出特别牺牲。（3）行政征收具有反复持久性，是经常固定的行政行为；行政征用是非固定的行政行为，常常是一次性完成。（4）行政征收的内容一般限于行政相对人的财产权益；而行政征用的内容既包括行政相对人的财产权益，也包括行政相对人提供劳务或行为上的作用。由于立法的落后，我国法律体系中对于"征收"和"征用"两个词语大量存在混用的情况，在土地管理相关法律法规中尤为突出。

●行政征用主体包括：

1. 征用者。行政征用权是国家权力，由代表国家的行政机关行使，必要时也可由法律授权或行政机关委托的组织或个人行使。如土地征用中的国务院、省级人民政府；抗洪抢险中的防汛指挥机构、抗震救灾指挥部；执行紧急任务的人民警察、国家安全机关工作人员；等等。

2. 被征用者。具体包括：（1）被征用财产的所有者，如土地被征用的农村集体经济组织，交通工具、通讯工具被征用的个人或组织等；（2）关系人，即对被征用财产享有从属权利者，如被征用物的持有人、使用人、租赁者、抵押权人等。

●行政征用客体：基于行政征用是一种对财产权的侵害行为，因此，一切具有财产价值的物及权利，都可以成为行政征用的客体。具体包括：

1. 物。指土地、房屋、交通工具、通讯设施、粮食、设备、物资等物质财富。这是行政征用中最主要的客体。

2. 智力成果。包括著作权、专利权。

3. 受法律保护的具有经济价值的利益，如商业信誉等。

4. 劳务。

●除了前文所述行政征用权，其他行政权力还包括监督检查、备案、年检（审）、调解、验收等。

●行政监督检查是指具有行政监督检查职能的行政主体按照法定的监督检查职权，对一定范围内行政相对人是否遵守法律、法规、规章，是否执行有关行政决定、命令等情况，进行能够影响行政相对人权益的检查了解的具体行政行为。

●行政备案不属于行政许可，虽然在法律层面尚无对行政备案定义的描述，但在2011年实施的《广州市行政备案管理办法》中对行政备案做出了如下概念："行政备案，是指行政机关为了加强行政监督管理，依法要求公民、法人和其他组织报送其从事特定活动的有关材料，并将报送材料存档备查的行为。"这个对行政备案概念的定义还是很科学的，用词准确而且概括了行政备案的主要特征，特别是该定义还指出了行政备案一个最重要的功能也是行政备案的目的——存档备查。

●行政年检（审）又称为行政许可年检（审），《行政许可法》作为我国统一的行政许可法典并没有对年检的制度定位作出直接、明确的规定，只是通过明示列举的立法体例规定行政许可监管机关可以根据法律、行政法规的规定对涉及公共安全、人身安全的设备、设施进行定期检验。从学理上说，年检是由一定的行政主体进行的，对被许可人是否遵守《行政许可法》的规定，维持其取得许可时的状态，依据相关的法律、法规所进行的检查，并作出具体的、单方面的、能直接产生、改变或消灭法律关系的决定。例如，《注册会计师年检办法》第2条规定："注册会计师年检是指注册会计师协会对注册会计师的任职资格进行的年度检验。"

●行政调解是行政机关根据法律规定，对属于国家行政机关职权管辖范围内的民事纠纷，通过耐心的说服教育，使纠纷的双方当事人互相谅解，在平等协商的基础上达成一致协议，从而合理地、彻底地解决纠纷矛盾。调解协议一般不具有强制性。如市场监管部门的消费调解、价格监管部门的价格争议调解等。

●行政验收是行政机关根据法律法规对已完成的工程、投资等项目进行检验、认可的具体行政行为。如竣工工程验收、重大投资项目验收等。

B. 不可触碰的权力底线
——负面权力清单的警示

腐败就是以权谋私。这个"权"，泛指公权力，不仅限于一般意义上的党政军警司法等公权力，还包括农村村民组长截留补偿款等等。腐败，就是握有各种各样大大小小公权力、准公权力的人，以盘剥、侵吞、出卖、伤害他人、公众、集体和国家民族利益的方式而谋取私利的行为。以权谋私的表现形式就是蔑视任何规则，党纪国法统统不在话下，只要有利于己，什么都敢出卖，良心道德公平正义均可出售。以权谋私轻则违纪，重则犯罪（即权力犯罪），这里，我们都将其纳入权力负面清单。负面权力清单就是一张不能触碰和禁止性的清单。从负面权力清单所列举的大量案例中，可以看到：权力一旦失控，危害触目惊心！

一、贪污犯罪

贪污罪，是指国家工作人员，利用职务上的便利，侵吞、窃取、骗取或者以其他手段非法占有公共财物的行为。

1. 职权本应为民谋福利　贪心却将自己送牢里

案例：某村党支部书记丁某、村委会主任朱某在与征地单位协商征地青苗补偿款时，将每亩土地补偿费由2600元提至3250元，每棵树木补偿费由10元提至15元，实际上却按土地每亩2600元，大树每棵15元、小树每棵5至10元不等对村民进行补偿，发给村民后余下的28000元差价款两人平分。在领取补偿款环节，则采取收款不入账或入账不实的方式将部分补偿款截留。在补偿款的管理使用环节，有的通过白条入账的方式进行侵吞,有的将大量补偿款违规存入个人账户,然后再擅自挪给他人使用。案发后,被司法机关追回所得款项,并以贪污罪处以刑罚。

2. 贪污手法再高明　难逃财务审查关

案例：某村村委会主任在任职期间从乡里将上级下拨的高速公路占地款领走交给村里会计后,又打白条借出,到年底还给会计一大把白条顶账,不到一年的时间,采用虚报冒领、重复报销的手段贪污公款38500元,用于给家人看病和个人办厂等。在财务审查中案发,村委会主任因贪污罪被判刑。

3. 十几万元不算多　八年徒刑也不短

案例：全村人口不到600人的上上村,非法让社会人员租赁承包土地400亩,村里终于有了累计十几万元的租赁收入,但钱到村里后并没有入账,村支书兼会计高某、村主任李某瞒着村民,在信用社开了活期存折,合伙保管了这笔巨款,除了以村名义个人开办了一个砖窑厂外,其余的全部用于吃喝招待和村干部私分。到村级换届选举时,村支书、村主任双双落选,乡经管站对该村财务结算时，在账目移交清单上并没有看到这笔资金，村干部经济问题才浮出水面，最终高某和李某案件移送司法机关，分别被判处有期徒刑8年。

4. 合伙贪污　一同坐牢

案例：赵家村支部书记赵某任职期间伙同该村主任任某、会计赵某某等人，采取虚增小麦亩数的手段，套取小麦植补款和综合植补款22689.8元，占为己有。案发后被判处有期徒刑1年，缓期1年执行，同案其他人也分别被作出有罪判决。

5. 侵占别墅本以为高枕无忧　被举报却以贪污罪论处

案例：王某原系某公司总经理。2009年，他向总公司申请用公司自有资金购买住房一套。2015年8月公司申请破产，王某担任清算组副组长，故意隐瞒了该别墅，并指使财务做成了呆死账并予以核销。在整个公司破产清算的过程中，没有任何资料反映出该公司拥有颛兴路388弄的这栋别墅，这栋署名为该公司的别墅在破产清算中竟然被遗漏掉了。目前，这套别墅市值已经达到了近200万元。王某自认为从此可以高枕无忧，再不用担心有人会要他搬出别墅。退一万步讲，即便有人找上门来，他也有理可对，毕竟房子的产权人不是他，怎么也算不上贪污公房。后经人举报检察院对王某立案侦查，并提起公诉。

辩护律师认为别墅的产权人是某公司而非王某，王某作为某公司的总经理只是拥有别墅的居住权而已，不动产的所有权取得应该以办理产权登记为标志，既然产权登记并没有改成王某个人的名字，就说明别墅的产权并没有受到侵害，王某并没有占有公司财产。

公诉人认为，公司破产期间，王某作为公司原总经理和破产清算组副组长，应向有关组织说明该别墅的实际用途而他没有，却作为坏账核销，这些行为显然已经符合贪污罪的构成要件。那么，某公司宣布破产后，公司作为权利人的主体资格不复存在，在该栋别墅被以坏账名义核销后，公司作为所有权人的权利就被非法永久排除，而使该栋别墅置于被告王某的实际控制和占有使用下，尽管权属没有变更，王某的处分权也有所限制，但是王某已实际控制并使用了该别墅，已行使了所有权的主要内容，符合《刑法》对"非法占有"的认定，应当以贪污罪追究其刑事责任。

法院经审理后判决王某构成贪污罪，并判处有期徒刑 6 年，没收财产人民币 6 万元，对其贪污所得予以追缴，发还被害单位。宣判后，王某不服判决提起上诉，中级人民法院维持了原判。

【专家点评】*

根据最高人民检察院《关于人民检察院直接受理立案侦查案件立案标准的规定（试行）》规定，贪污数额达到 5000 元时，应立案侦查，或个人贪污数额虽不满 5000 元，但具有贪污救灾、抢险、防汛、防疫、优抚、扶贫、移民、救济款物及募捐款物、赃款赃物、罚没款物、暂扣款物，以及贪污手段恶劣、毁灭证据、转移赃物等情节的，应立案侦查。职务侵占罪，是指公司、企业或者其他单位的人员，利用职务上的便利，将本单位的财物非法占为己有，数额较大的行为。

以上案例回放可以看出，涉农腐败案件不可等闲视之。农村干部的职务犯罪，由于绝大多数直接损害着农民的切身利益，往往成为引发农民集体上访的导火索，有的地方甚至因上访而造成正常的"村委"换届工作无法进行，因此，给维护农村稳

---

* "负面权力清单"所涉案例点评专家：吴其满，男，高级检察官，毕业于南开大学法律系，硕士学位，无党派人士，曾挂职担任四川省西昌市人民检察院副检察长；2003 年至今历任台州市检察院职务犯罪预防处处长，是省内从事职务犯罪预防工作时间最长的资深职务犯罪预防专家。

定工作带来了相当大的压力。最近两年，全国将开展为期两年的集中惩治和预防惠农扶贫领域职务犯罪工作。涉农和扶贫职能部门、乡镇党政机关工作人员和村级"两委"干部、村民小组长、会计等5类人员将成为重点关注目标。重点环节是严肃查办发生在农业发展建设、支农惠农和扶贫资金、专项补贴的项目申报、审核审批、发放管理、检查验收、项目实施等环节。为了推动百姓从涉农惠民政策和扶贫资金中得到实惠，促进农村社会的和谐稳定发展，惩治和预防工作将从以下几个方面开始：一是落实"村账镇管"制度，加强对各村委会资金的监管力度，并贯穿于专项资金运行的全过程，坚决制止和纠正改变专项资金用途、截留资金、抵扣集资等违法行为，保证专项资金能专款专用。二是加强财务开支管理，规范会计科目的设置、财务处理的统一标准，杜绝"白条抵库"，确保账账相符、账证相符和账表相符；村民理财小组等各类旨在加强财务监管的组织要严格按照各项财务管理制度和审批程序，不折不扣地履行职责，防止"一支笔"随意审批收支和报账。三是增强村务公开的透明度，为实现农民的知情权和监督权提供保障。村务公开制度是农村基层组织最好且最有效的监督制度，可以防止"一言堂"和搞"暗箱操作"，使各项财务活动的开展既能依法行事，又能符合政策规定，更能体现村民的集体意志。

【相关链接】

●法律依据：《刑法》第382条规定："国家工作人员利用职务上的便利，侵吞、窃取、骗取或者以其他手段非法占有公共财物的，是贪污罪。受国家机关、国有公司、企业、事业单位、人民团体委托管理、经营国有财产的人员，利用职务上的便利，侵吞、窃取、骗取或者以其他手段非法占有国有财物的，以贪污论。与前两款所列人员勾结，伙同贪污的，以共犯论处。"第383条规定："对犯贪污罪的，根据情节轻重，分别依照下列规定处罚：（一）贪污数额较大或者有其他较重情节的，处三年以下有期徒刑或者拘役，并处罚金。（二）贪污数额巨大或者有其他严重情节的，处三年以上十年以下有期徒刑，并处罚金或者没收财产。（三）贪污数额特别巨大或者有其他特别严重情节的，处十年以上有期徒刑或者无期徒刑，并处罚金或者没收财产；数额特别巨大，并使国家和人民利益遭受特别重大损失的，处无期徒刑或者死刑，并处没收财产。对多次贪污未经处理的，按照累计贪污数额处罚。犯第一款罪，在提起公诉前如实供述自己罪行、真诚悔罪、积极退赃，避免、减少损害结果的发生，有第一项规定情形的，可以从轻、减轻或者免除处罚；有第二项、第三项规定情形的，可以从轻处罚。犯第一款罪，有第三项规定情形被判处死刑缓期执行的，人民法院根据犯罪情节等情况可以同时决定在其死刑缓期执行二年期满依法减为无期徒刑后，终身监禁，不得减刑、假释。"

●立法解释：2000年4月29日，九届全国人大常委会第十五次会议通过了《关于〈中华人民共和国刑法〉第九十三条第二款的解释》，这是多年来立法机关首次以立法解释的形式对刑法规范的含义进一步明确界限。其规定："村民委员会等村基层组织人员协助人民政府从事的下列行政管理工作，属于刑法规定的'其他依照法律从事公务'的活动：（一）救灾、抢险、防汛、优抚、扶贫、移民、救济款物的管理；（二）社会捐助公益事业款物的管理；（三）国有土地的经营和管理；（四）土地征用补偿费用的管理；（五）代征、代缴税款；（六）有关计划生育、户籍、征兵工作；（七）协助人民政府从事的其他行政管理工作。村民委员会等基层组织人员从事前款规定的公务，利用职务上的便利，非法占有公共财物、挪用公款、索取他人财物或者非法收受他人财物，构成犯罪的，适用刑法第三百八十二条和第三百八十三条贪污罪、第三百八十四条挪用公款罪、第三百八十五条和第三百八十六条受贿罪的规定。"这个立法解释,对解决农村基层组织人员职务犯罪的法律适用和确定公安、检察机关职能管辖的分工问题具有重要意义。

●关于职务侵占罪的司法解释:

1. 1999年6月25日最高人民法院审判委员会第1069次会议通过最高人民法院《关于村民小组组长利用职务便利非法占有公共财物行为如何定性问题的批复》规定:"对村民小组组长利用职务上的便利,将村民小组集体财产非法占为己有,数额较大的行为,应当依照刑法第二百七十一条第一款的规定,以职务侵占罪定罪处罚。"

2. 2000年6月27日最高人民法院审判委员会第1120次会议通过最高人民法院《关于审理贪污、职务侵占案件如何认定共同犯罪几个问题的解释》第2条规定:"行为人与公司、企业或者其他单位的人员勾结,利用公司、企业或者其他单位人员的职务便利,共同将该单位财物非法占为己有,数额较大的,以职务侵占罪共犯论处。"第3条规定:"公司、企业或者其他单位中,不具有国家工作人员身份的人与国家工作人员勾结,分别利用各自的职务便利,共同将本单位财物非法占为己有的,按照主犯的犯罪性质定罪。"

●贪污罪与职务侵占罪的不同之处:

1. 贪污罪与职务侵占罪虽然均为身份犯,但身份内容不同。

2. 贪污罪的对象只能是公共财物,其中主要是国有财物;职务侵占罪的对象虽然可以是公共财物(如集体所有的财物),但还包括私营公司、企业的财物。

●预防农村基层干部职务犯罪要做好以下几点:

1. 完善农村基层干部的选拔任用制度。在农村,村支书及村干部被誉为"群众的主心骨,党员的排头兵,致富的领头人"。村官不但要具备一定的政治思想修养,而且还要具有一定的法律意识。村官虽小,但对党和政府在群众中的威望影响却很大,他们是党和政府在群众中的化身,其一言一行都代表了党和政府的形象。只有用好、管好、教育好村干部，农村经济的发展和社会的稳定才会有保障。

2. 建立合理的个人收入分配制度，改善和提高村干部待遇。例如，对村干部实行工资统筹，发放固定工资，为村干部办理医疗保险和养老保险等，这样既解除了村干部的后顾之忧，又调动了其工作的积极性，同时对社会而言也会预防部分职务犯罪的发生。

3. 严格财务制度、把好财务收支关口。一是要杜绝白条子、假单子、堆账等现象，实行收支两条线，真正做到村务公开。二是对收取的土地征用补偿款等，要及时纳入财务，统一管理，合理使用，对一切假公济私的行为予以严惩。三是在村务决算中，村委会或理财小组要集体审查、逐项审计，不合理的决算项目，一律不予支付，严格执行收支两条线。四是要坚持打防并举，综合治理。在抓打击的同时，要注重加强对农村基层干部预防职务犯罪的教育。使广大村干部明确如何正确使用权力、如何自觉抵御诱惑、如何做到遵纪守法等基本问题，及时为农村基层干部提出具体的预防职务犯罪的建议。

二、受贿、索贿犯罪

索贿与受贿都是接受贿赂。但索贿是公然向人索取,有敲诈勒索之嫌,情节恶劣,罪重一等,要从重处罚。

1. 征用土地有赔偿　收受贿赂要坐牢

案例:沈某在担任某乡红星村党支部书记期间,利用协助政府全面负责某港口机械股份有限公司征用红星村土地补偿费的管理、使用之职务便利,在发包新宅基地形成工程、征用赔偿等业务活动中,先后多次收受工程承包人等3人的贿赂款共计12万元。同时,宅基地形成工程承包人秦某为谋取不正当利益向沈某行贿7万元。此案经检察机关侦查终结,并向法院提起公诉。

2. 从县长到书记前程乐观　因防线崩溃后患无穷

案例：刘某原系 C 县县长，后提为 D 县县委书记，在任职的 2003 至 2012 年间，其利用职务便利收受他人贿赂共计人民币 738 万元及金条 4 根（合计 400 克），并有人民币 556.36 万元的财产不能说明合法来源。经检察机关查证后向法院提起公诉，法院以受贿罪、巨额财产来源不明罪判处其有期徒刑 17 年，并处没收个人财产 70 万元。判决后，刘某忏悔道："我自幼生长在农家，从政之初，我既有鲲鹏展翅的雄心，也有勤勉为民的愿望，但当我手握实权之后，各种诱惑便纷至沓来，让我忘记了初心。当人情、礼金率先突破我的防线后，我的思想便由清澈渐渐转为混沌，很快就产生了'塌方效应'。最终，由于疯狂追逐金钱、美色带来的快感，让我滑入了犯罪泥潭而无法自拔。2003 至 2012 年，我先后担任县长和县委书记，一些'朋友'贴了上来，社会上的老板们也围绕在我身边，和我称兄道弟，亲密无间。在开始收受贿赂时，我还心中忐忑、寝食难安。随着不断受贿，渐渐心安理得。女儿出嫁、父亲去世、出国考察，前来的'地产大腕''企业大亨'都奉上厚礼，表达对我的'深情厚谊'。仅办理家中婚丧之事，我就收了礼金 250 余万元。"

3. 法律不相信"原则"

案例：B 县县委原副书记卢某在官场上很有悟性，他受贿讲究两个"原则"：一是不熟的人送钱，不收或不全收；二是收了钱未办成事，必须退钱。卢某不仅自己坚守这两个"原则"，对自己的亲属也是这样要求的。当他得知侄子违背"原则"收了 300 万元后，恼怒异常，称"关系不熟，钱不能要"，并坚持让其侄子退还（实际退了 220 万元）；当他收钱后无法完成所托之事时，也毫不犹豫地将钱退还。无独有偶，C 市的公安局原局长叶某有"五不"原则（不主动索要钱财、不办事不收钱、不催讨该给还没给的钱、不讨价还价、不介意钱多钱少）；D 县县委原书记李某也有"三不收"原则（事没办成的不收、关系不密切的不收、几个人同时送的不收）；F 市的交通局原副局长杜某也有"就是不能让单位吃亏，只收干活干好的，干差的送钱也不收"的原则。这些"原则"在法律面前等于零，最终都逃脱不了法律的惩处，分别被判处不同刑期的徒刑。

4. 从善如登　从恶如崩

案例：D 县副县长李某在担任财政局长、副县长期间，利用职务便利，在负责工程招投标、工程款拨付等方面为他人谋取利益，多次非法收受他人给予的人民币 168.8 万元，法院以受贿罪判处其有期徒刑 11 年，对其犯罪所得人民币 168.8 万元予以追缴，上缴国库。"从善如登，从恶如崩"，这是他入狱后发出的人生悔悟。他说："自从在 2002 年 11 月第一次收下一建筑公司老总送的第一笔贿赂款后，自己就一发而不可收拾，让膨胀的私欲一次又一次攻破做人的根本底线，在罪与非罪的斗争中一败涂地，最终沦为人民的罪人。"回忆自己犯罪的经过时,他说:"当时县里开发农田整治工程项目,当我分管的部门负责人给我送钱时,我便感受到自己手中权力所带来的威力,同时,亦觉得下属一定收的钱更多,于是自己开始直接收钱,于是便一步一步滑向犯罪的深渊。我所收受的160多万元不义之财,让我成了历史的罪人。是它,让我以一己私欲公然挑战党纪国法的威严;是它,让我丧失了一名共产党员的资格;还是它,让我在年近花甲时步入了监房……从此,便失去了人生最珍贵的自由。"

【专家点评】

《刑法》第386条明文规定:"对犯受贿罪的,根据受贿所得数额及情节,依照本法第三百八十三条的规定处罚。索贿的从重处罚。"也就是说,普通受贿罪必须在非法收受他人财物的同时,为他人谋取利益,而索贿并不要求为他人谋取利益。但为他人谋取的利益是否正当、为他人谋取的利益是否实现并不影响受贿罪的认定。

权钱交易是普通受贿罪的本质特征。受贿犯罪案件五花八门,以上列举的仅是几种典型。例如案例3中这种"讲原则"的贪官,虽然少见,却也并不是孤例。可见,天下无奇不有,"讲原则"的贪官也见怪不怪。只是,这些贪官的所谓"原则",究其本质都不过是用来掩饰其贪腐的"保护色",以便能够保全自己,贪得更多更久,从而实现"升官发财两不误"。

"有原则"的贪官,有时或许也能迷惑一些群众,甚至由于其贪腐只收熟人、只收办成事之人的高度隐蔽性,还能博取"清正廉洁"的美名。而且,从行贿者的角度来说,"有原则"的贪官值得信任,至少在没有实现利益交换时不会有损失,因此行贿者更乐于与其打交道。所以,案件的当事人在短短4年时间,就能快速敛财900多万元,可谓名利双收。然而,每一个贪官最终都难逃被查处的结局。"机关算尽太聪明,反误了卿卿性命"。

案例4中的D县副县长李某陶醉于"自己手中权力的威力",不以为耻反以为荣。底线的失守、羞耻感的丧失,使他的人生观、价值观彻底发生了异化。他的犯罪经历反映了不少官员腐败堕落的共同轨迹。上述案例充分说明:让手握权力的官员"知耻",应成为引导其拒腐防变的"必修课"。否则,一旦"无耻"之门洞开,则信念丧失、价值崩毁,权力寻租必然紧随其后,腐败是早晚的事。

【相关链接】

●**法律依据**:《刑法》第385条规定:"国家工作人员利用职务上的便利,索取他人财物的,或者非法收受他人财物,为他人谋取利益的,是受贿罪。国家工作人员在经济往来中,违反国家规定,收受各种名义的回扣、手续费,归个人所有的,以受贿论处。"第390条规定:"对犯行贿罪的,处五年以下有期徒刑或者拘役,并处罚金;因行贿谋取不正当利益,情节严重的,或者使国家利益遭受重大损失的,处五年以上十年以下有期徒刑,并处罚金;情节特别严重的,或者使国家利益遭受特别重大损失的,处十年以上有期徒刑或者无期徒刑,并处罚金或者没收财产。行贿人在被追诉前主动交待行贿行为的,可以从轻或者减轻处罚。其中,犯罪较轻的,对侦破重大案件起关键作用的,或者有重大立功表现的,可以减轻或者免除处罚。"第390条之一规定:"为谋取不正当利益,向国家工作人员的近亲属或者其他与该国家工作人员关系密切的人,或者向离职的国家工作人员或者其近亲属以及其他与其关系密切的人行贿的,处三年以下有期徒刑或者拘役,并处罚金;情节严重的,或者使国家利益遭受重大损失的,处三年以上七年以下有期徒刑,并处罚金;情节特别严重的,或者使国家利益遭受特别重大损失的,处七年以上十年以下有期徒刑,并处罚金。单位犯前款罪的，对单位判处罚金，并对其直接负责的主管人员和其他直接责任人员，处三年以下有期徒刑或者拘役，并处罚金。"第391条第1款规定："为谋取不正当利益，给予国家机关、国有公司、企业、事业单位、人民团体以财物的，或者在经济往来中，违反国家规定，给予各种名义的回扣、手续费的，处三年以下有期徒刑或者拘役，并处罚金。"第392条第1款规定："向国家工作人员介绍贿赂，情节严重的，处三年以下有期徒刑或者拘役，并处罚金。"第393条规定："单位为谋取不正当利益而行贿，或者违反国家规定，给予国家工作人员以回扣、手续费，情节严重的，对单位判处罚金，并对其直接负责的主管人员和其他直接责任人员，处五年以下有期徒刑或者拘役，并处罚金。因行贿取得的违法所得归个人所有的，依照本法第三百八十九条、第三百九十条的规定定罪处罚。"

●2016年最高人民检察院工作报告：我们坚决贯彻党中央关于反腐败斗争的决策部署，坚持"老虎""苍蝇"一起打、惩治预防两手抓。全国检察机关共立案侦查职务犯罪案件40834件54249人。突出查办大案要案。查办贪污贿赂、挪用公款100万元以上案件4490件，同比上升22.5%；查办涉嫌犯罪的原县处级以上干部4568人，同比上升13%，其中原厅局级以上769人。依法对令计划、苏荣、白恩培、朱明国、周本顺、杨栋梁、何家成等41名原省部级以上干部立案侦查，对周永康、蒋洁敏、李崇禧、李东生、申维辰等22名原省部级以上干部提起公诉。查办受贿犯罪13210人，查办为谋取不正当利益"围猎"干部等行贿犯罪8217人。依法办理南充拉票贿选案，对涉嫌犯罪的33人追究刑事责任。针对群众反映强烈的严重不作为、乱作为问题，查办国家机关工作人员渎职侵权犯罪13040人。

●2016年4月18日起施行的最高人民法院、最高人民检察院《关于办理贪污贿赂刑事案件适用法律若干问题的解释》是我国依法反腐的又一利器，受到各界高度关注。①

1. 贪污受贿"数额较大"如何起步？

该司法解释的一项重要规定是对贪污罪、受贿罪的定罪量刑标准进行了明确，其中两罪"数额较大"的一般标准由1997年刑法规定的5000元调整至3万元，这样是否合理？

最高人民法院法官认为：从司法解释对贪污、受贿犯罪所作的全面规定来看，体现了对贪污、受贿犯罪从严的精神。《刑法修正案（九）》对贪污罪、受贿罪的定罪量刑标准由过去单纯的"计赃论罚"修改为数额与情节并重，也就是说认定贪污、受贿行为构成犯罪、判什么刑，既要看数额也要看情节。即使未达到数额标准，但具有较重情节的，也要定罪，并按相应的量刑档处罚。

学者认为：对贪腐行为的"零容忍"并不等于对贪污受贿犯罪实行刑事犯罪门槛的"零起点"。我国对贪污、受贿起刑点的设置经历了从2000元到5000元再到《刑法修正案（九）》"数额较大"的概括规定。这期间经济社会发展变化巨大，人均GDP自1997年至2014年增长了约6.25倍，将5000元的起刑点进行适度提升也是势在必行的。北京大学法学院教授陈兴良说："5000元到3万元，似乎存在较大幅度提高。但从1997年到2016年近20年间，5000元的定罪数额确已不适应社会发展。从司法实践看，这种定罪数额的调整对于贪污受贿罪的实际惩治其实不会发生太大的影响，也不会让贪污受贿罪的犯罪圈骤然缩小。"

2. 3万元以下如何追究？

司法解释规定，两罪"数额较大"的一般起点为3万元，对于低于3万元的贪污、受贿行为是否还会追究刑事责任？

最高人民法院法官认为：这并不意味着低于3万元的贪污、

---

① 本部分内容根据新华社记者采访最高人民法院、最高人民检察院相关负责人以及相关专家学者的通稿整理。——编者注

受贿行为不予追究刑事责任。"司法解释明确规定,贪污、受贿数额1万元以上不满3万元,同时具有司法解释规定的较重情节的,同样应当追究刑事责任。"

学者认为:无论是不具有一定情节的以3万元为定罪起点,还是在具有一定情节时1万元即可追究刑事责任,都是相当低的入罪标准。通过压低入罪标准,有助于强化"莫伸手,伸手必被捉"的戒律。

清华大学法学院教授、全国人大法律委员会委员周光权表示,为落实党纪严于国法,把纪律挺在前面的反腐败要求,应做到刑事处罚与党纪政纪处分的有序衔接。"司法解释使得原则性和灵活性有机结合,同时也使刑事处罚和党纪政纪处分之间的衔接更为合理。"

3. "死刑立即执行"怎么判?

司法解释规定了对贪污、受贿犯罪判处死刑的适用条件。那么,贪腐犯罪"死刑立即执行"到底该如何判?

最高人民法院法官认为:依据刑法,司法解释明确规定死刑立即执行只适用于犯罪数额特别巨大,犯罪情节特别严重,社会影响特别恶劣,造成损失特别重大的贪污、受贿犯罪分子。司法机关在审判案件时,对于极少数罪行特别严重、依法应当适用死刑立即执行的犯罪分子,坚决判处死刑立即执行。

对于符合死刑立即执行条件,但同时具有法定从宽处罚情节,不是必须立即执行的,可以依法判处死刑缓期二年执行。死缓是附条件的不执行死刑,即在二年缓期执行期间没有故意犯罪的,依据刑法减为无期徒刑、有期徒刑。

4. 如何适用"终身监禁",能否执行到底?

《刑法修正案(九)》新增加了对贪污罪、受贿罪可以在判处死缓减为无期徒刑后终身监禁的规定,如何保证这项规定在司法实践中得到有效执行?

最高人民法院法官认为:终身监禁是介于死刑立即执行与

B. 不可触碰的权力底线——负面权力清单的警示

一般死缓之间的一种执行措施，但又比一般死缓更为严厉。本次出台的司法解释对于终身监禁具体适用从实体和程序两个方面予以了明确。在实体方面，司法解释明确，对那些判处死刑立即执行过重、判处一般死缓又偏轻的重大贪污受贿罪犯，可以决定终身监禁。在程序方面，司法解释明确，凡决定终身监禁的，在一审、二审作出死缓裁判的同时应当一并作出终身监禁的决定，而不能等到死缓执行期间届满再视情而定。

学者认为：这样的规定实际上是将终身监禁作为贪污受贿罪的死刑替代措施看待，而不适用于因犯有贪污受贿罪原本就应该判处死缓的人，从而防止终身监禁的不当适用。终身监禁的裁定必须在裁判的同时就作出，意味着一经作出就必须无条件执行，不能再减刑、释放。

5. 领导"身边人"腐败怎么治？

近年来，一些高级领导干部"身边人"借着"领导关系"大肆敛财。本司法解释如何对这种情形进行规定？

最高人民法院法官认为：这种情形的确成为某些领导干部收受贿赂、规避法律的一种方式。《刑法修正案（九）》已经增加了相关罪名，司法解释也对相关定罪处罚标准予以明确，使法律得到更好实施。司法解释规定"特定关系人索取、收受他人财物，国家工作人员知道后未退还或者上交的，应当认定国家工作人员具有受贿故意"，即对国家工作人员作了更为严格的要求，只要其知道"身边人"利用其职权索取、收受了财物，未将该财物及时退还或上交的，即可认定其具有受贿故意。

司法实践中，国家工作人员往往辩解其是在"身边人"索取、收受他人财物后才知道的，并没有受贿故意，不构成受贿罪。司法解释的相关规定扫除了实践中的障碍，对国家工作人员规避法律的这种情况能给予有效打击。

6. 收了哪些"财物"就算"受贿"？

贿赂犯罪的本质在于权钱交易。这些年随着我国社会经济的发展，贿赂犯罪手段越来越隐蔽。有的行为人通过低买高卖交易的形式收受请托人的好处，有的行为人通过收受干股、合作投资、委托理财、赌博等方式，变相收受请托人的财物。这些算不算"贿赂"？

最高人民检察院检察官认为：根据《刑法》规定，贿赂犯罪的对象是"财物"。因此，如何界定"贿赂"，关键在于如何理解和解释刑法中规定的"财物"。司法解释规定，贿赂犯罪中的财物，包括货币、物品和财产性利益。财产性利益包括可以折算为货币的物质利益如房屋装修、债务免除等，以及需要支付货币的其他利益如会员服务、旅游等。后者的犯罪数额，以实际支付或者应当支付的数额计算。

学者表示，司法解释将贿赂犯罪中的"财物"概念扩张到"财产性利益"，将有效应对"请托人将在社会上作为商品销售的自有利益免费提供给国家工作人员消费"的情况，易于检察机关成功起诉贪污、贿赂犯罪，也有利于法院适用刑法有关条款定罪判刑。

7. 为何没有规定追逃的内容？

追逃、追赃是深入开展反腐败工作的重要内容，从查办案件来说，两者是紧密相连的。但司法解释并没有规定追逃的内容，这是否会影响追逃工作的开展？

最高人民检察院检察官表示，司法解释规定的是实体而不是程序问题，故其中仅一处涉及追逃，即将"主动交待行贿事实，对于重大案件的追逃、追赃有重要作用的"明确为"对侦破重大案件起关键作用"。

我国《刑事诉讼法》对追逃问题已有相关规定。目前贪污贿赂犯罪逃避经济处罚，隐匿、转移赃物的情况非常严重，影响到反腐败工作的实际效果。对此，司法解释专门规定了违法所得的追缴和退赔。这旨在指引各级司法机关摒弃"重办案，轻追赃"的错误观念，充分认识追赃对惩治腐败、实现公正司法的重要意义。

8. 罚金刑的规定能得到执行吗？

《刑法》已经规定了罚金刑，但没有具体适用标准。到底罚多少才能既不让犯罪分子在经济上占便宜，又能避免出现"天价罚金"，确保执行到位？

最高人民法院法官认为：贪污贿赂犯罪属于经济犯罪，对贪利型犯罪在判处自由刑的同时施以罚金刑，可以更有针对性地惩治此类犯罪，起到更好的行刑效果。司法解释规定，对贪污罪、受贿罪判处 3 年以下有期徒刑或者拘役的，应当并处 10 万元以上 50 万元以下的罚金；判处 3 年以上 10 年以下有期徒刑的，应当并处 20 万元以上犯罪数额 2 倍以下的罚金或者没收财产；判处 10 年以上有期徒刑或者无期徒刑的，应当并处 50 万元以上犯罪数额 2 倍以下的罚金或者没收财产。对《刑法》规定并处罚金的其他贪污贿赂犯罪，应当在 10 万元以上犯罪数额 2 倍以下判处罚金。

9. 如何把握《刑法修正案（九）》中的"其他情节"？

《刑法修改正案（九）》改变过去单纯计赃论罚的做法，代之以"数额+情节"，这一做法突出了其他量刑情节在贪污罪定罪处罚中的地位和作用，有利于实现罪刑相当，也是科学立法的具体体现。

探讨贪污、受贿罪的"其他情节"，有两个基础性问题需要引起注意：一是情节与数额是否需要挂钩。单从《刑法》关于"数额较大或者有其他较重情节""数额巨大或者有其他严重情节""数额特别巨大或者有其他特别严重情节"的文字表述来看，情节似乎可以完全独立于数额，情节轻重的判断可以不依赖于数额大小。但是，考虑到犯罪数额在贪污、受贿犯罪定罪处罚中所具有的基础性作用，以及其他情节严重程度难以量化，仅根据情节决定刑罚可能出现数额较小却判处过重刑罚的罪刑不相称问题，同时也为了防止量刑上的随意性，有必要借鉴以往有关侵财犯罪司法解释的做法，采用情节与数额相结合的做法，比如，具备一定情节，数额标准将减半掌握。二是如何甄别取舍情节。影响案件量刑的情节很多，尽管前述强调情节轻重的判断要求兼顾数额，但在具体情节的甄别和确定上仍有必要秉持极其严格、审慎的立场，适于作为定罪量刑的必须是那些能够体现犯罪特点、对于定罪量刑具有重要意义的情节。因为，在减半掌握数额标准的情况下，情节在定罪量刑中的占比是极重的。比如，若确定数额特别巨大的标准是100万元，那么具有相应情节的情况下，数额只要满50万元就应当在10年以上判处刑罚。

对于贪污罪其他定罪量刑情节的具体把握，可以考虑四种情形：一是曾因贪污、受贿受过党纪、行政处分或者刑事追究的。这是基于行为人特定的人身危险性而提出的，具有作案前科受过处理仍不改正，说明行为人主观恶性大，需要科以更为严重的惩罚以收到特殊预防之效。二是赃款赃物用于非法活动的。这是基于两次违法行为的特殊危害性而提出的，贪污后进而将赃款赃物用于非法活动，明显具有更为严重的危害性。三是拒不交待赃款赃物去向，致使赃款赃物无法追缴的。这是综合行为人认罪悔罪态度和损害后果而提出的，不同于客观原因不能追缴，因行为人拒绝配合致使赃款赃物无法追缴的，不仅损失后果不能依法挽回，而且反映出行为人毫无认罪悔罪之态度。四是贪污救灾、抢险、防汛、优抚、扶贫、移民、救济、防疫、社会捐助等特定款物的。这是基于犯罪行为特定危害性而提出的，贪污特定款物较一般款物具有更为严重的危害性，一直也是刑事打击的重点。

对于受贿罪其他定罪量刑情节的具体把握，除了上述前三种情形之外，可以重点考虑以下两种情形：一是多次索贿的。设定为"多次索贿"，主要是有两方面的考虑：一方面，强拿硬要、主动索要较之于被动收受，其主观恶性和社会影响恶劣程度显然均要重于后者,将索贿作为量刑情节,具有合理性和针对性。另一方面,索贿是《刑法》明确规定的从重情节,加以"多次"限定,可以较好地体现两者程度之差异。二是为他人谋取不正当利益,致使公共财产、国家和人民利益遭受损失的。受贿罪以"为他人谋取利益"为法定要件,但是否实际为他人谋取利益、所欲谋取的利益正当与否均不影响受贿罪的认定。从损害结果的角度,受贿罪存在 3 种情形,分别是:收受财物后未实施相关职务行为;收受财物后正常履职;收受财物后违法行使职权为他人谋取不正当利益。前两种情形一般不会造成具体的损失后果,第三种情形则直接以妨害公权力正当行使、损害国家或者他人利益为交换条件,具有明显更为严重的危害性,理应从严惩处。

10. 如何区分受贿罪与非国家工作人员受贿罪的界限?

受贿罪与非国家工作人员受贿罪同属于受贿犯罪的范畴,二者有诸多相同或者相近之处。司法实践中区分二者,主要应当把握以下几个方面:

一是从犯罪主体区分。受贿罪的主体只能是国家工作人员;非国家工作人员受贿罪的主体为公司、企业中的非国家工作人员。这是两罪区别之关键所在。因此,实践中区分二者,首先必须查清行为人的身份。如果是国家工作人员,就可能构成受贿罪,如果是公司、企业中的非国家工作人员,则只可能构成非国家工作人员受贿罪。

必须注意,区分国家工作人员和公司、企业人员,切不能简单以是否在公司、企业工作为标准,认为凡在公司、企业工作的人员,都不属于国家工作人员。事实上,根据《刑法》第 93 条的规定,国有公司、企业中从事公务的人员和国有单位委派到非国有公司、企业从事公务的人员,以国家工作人员论。也正因为如此,《刑法》第 163 条第 3 款和第 184 条第 2 款明确规定,国有公司企业中从事公务的人员和国有公司、企业委派到非国有公司、企业从事公务的人员，以及国有金融机构工作人员和国有金融机构委派到非国有金融机构从事公务的人员，利用职务上的便利，索取他人财物或者非法收受他人财物，为他人谋取利益，或者违反国家规定，收受各种名义的回扣、手续费，归个人所有构成犯罪的，都应当以受贿罪定罪处罚。

　　二是从所利用的职务便利的内容区分。受贿罪利用的职务便利，必须是利用行为人所从事的公权力，即自己职务上主管、负责或者承办某项公共事务的职权及其所形成的便利条件；非国家工作人员受贿罪所利用的职务便利，则是利用行为人负责或者从事公司、企业内部某项不具有国家公务性的事务的权力及其所形成的便利条件。因此，即使是公司、企业中属于国家工作人员的人，如果没有利用其所从事的公务的便利条件，而是利用其他便利的，索取他人财物或者非法收受他人财物，为他人谋取利益的，也不能定受贿罪，而应以公司、企业人员受贿罪论处。

　　三是从行为方式区分。受贿罪的行为表现共四种。即索取财物；收受财物；收受回扣、手续费；间接受贿。而非国家工作人员受贿罪的行为则只限于上述前三种，而不包括间接受贿。

B. 不可触碰的权力底线——负面权力清单的警示

三、挪用公款、挪用资金犯罪

挪用公款是指国家工作人员，利用职务上的便利，挪用公款归个人使用，进行非法活动的；或者挪用公款数额较大，进行营利活动的；或者挪用公款数额较大，超过3个月未还的行为。挪用资金是指公司、企业或者其他单位的人员，利用职务上的便利，挪用本单位资金归个人使用或者借贷给他人，数额较大、超过3个月未还，或者虽未超过3个月，但数额较大、进行营利活动的，或者进行非法活动的行为。

1. 村官双双入狱　都缘挪用公款

案例：赵庄村村主任赵某为帮助其在银行工作的朋友完成存款业务，指使村财务张某将该村20万元土地款存到区某农村

信用社，张某以个人名义办理了存款手续，存款单由其个人持有，存期为1年。2014年12月9日，赵某又指使张某以该定期存款单作质押，从区某农村信用社贷出现金20万元，用于偿还其借马某的款项，3个月后赵某归还20万元款项。而后，赵某、张某又利用职务之便，将经济技术开发区社区服务管理局借给赵庄村的100万元土地款用作二人开办的某餐饮洗浴有限公司的注册资本。案发后虽然均已全部归还，但两人都因构成挪用公款罪，分别被区人民法院判处有期徒刑5年6个月和5年，以及数额不等的罚金。

2. 公私不分铸大错　请人帮忙进班房

案例：中国银行某支行副行长，为完成单位理财计划、减轻职工任务压力，找到县扶贫办主管扶贫贴息的副主任李某，让他帮忙购买一银行理财产品。县扶贫办副主任李某提出条件，让这位副行长帮忙把县财政局拖欠了6个月的上年度的扶贫贴息款60万元先要回来才能购买。两个月后，副行长帮县扶贫办催要到了扶贫贴息款60万元存入银行中间账户。当月下旬，副行长给李某打电话催促购买理财产品，李某说没带身份证，复印件行不行，副行长说可以，随后李某到银行把身份证复印件给了这位副行长，副行长拿着李某的身份证复印件找到县支行中间业务操作员王某，说扶贫办领导同意用在我行代发的扶贫贴息款中的20万元购买理财产品帮咱行完成任务，让她办一下，王某说直接提现金提不出来，可以找几个人的存折发放出来，副行长让她去办，她找了4个存折，每个存折打入5万元，副行长拿着这4个存折和李某的身份证复印件去营业网点把4个存折共20万元提出来，购买了以李某名义的理财产品手续和存折（因为理财产品必须个人购买，以李某的名义购买是商量好的，这样彼此都放心，以免对钱失去控制）。购买过程中存折户主是县扶贫办副主任李某，但购买协议书和存折、密码所有手续都由副行长保管，钱没有失控，副行长也没有谋取任何回报，1个月到期后，副行长让营业员把钱赎回，把存折上的20万元返还到原中间业务账户上，存折剩余525元的利息交给了县扶贫办副主任李某。在这期间并没有影响扶贫贴息款的发放，也没有造成任何损失和不良影响。案发后，检察院以合谋挪用扶贫贴息款数额巨大、进行营利活动进行起诉。

3. 挪用公款未使用　对其定罪宽而不枉

案例：某国有单位出纳张某为购买住房急需用钱，便将本单位公款20万元私自挪出，因没有找到合适的房子，该款一直放在家中，3个月后，张某将公款归还了单位。检察机关在审查起诉时，对张某"挪而未用"的行为如何定性有两种意见：一种意见认为，这种"挪而未用"的情况，不能作为犯罪处理。理由是：这种挪而未用的行为并不符合挪用公款罪法条上表述的"挪"和"用"必须同时具备的客观构成要件。既然犯罪构成要件无法满足，自然不能以挪用公款罪来处理。另一种意见认为，对"挪而未用"的情况应当认定为挪用公款罪。最后采纳了第二种意见。因为，张某为了个人使用而将公款私自挪出，造成了国家对该项公款失控的严重后果，侵害了国家对公款的使用权、收益权和国家工作人员职务行为的廉洁性，完全符合挪用公款罪的犯罪构成要件。

4. 村支书挪用公款是违法　乡政府以经济纠纷追讨真糊涂

案例：某村支部书记徐某在任职期间，收取该村提留、乡统筹款共计52000元（其中乡统筹款为28000元）未上交，占为己有。经乡政府多次催收未果，故乡政府以拖欠提留、统筹为由诉诸法院，要求徐某归还拖欠乡统筹、村提留款52000元。县法院经审查后认为该案属职务犯罪，按照管辖权划分应属公诉案件，故移交县检察院反贪局立案侦查。县检察院反贪局依法侦查终结，认为徐某挪用乡统筹费构成挪用公款罪，挪用村提留款构成挪用资金罪，依法提起公诉。

5. 挪用资金千万元　返还以后还判刑

案例：自2010年起，柳家村原村支部书记柳甲及主任柳乙，两人先后以村名义贷款1883万元，全部挪给他人使用，至今未还，分别受到法律的追究。2009年，商人郑某到该村投资，但由于资金不够，又因为没有担保等原因无法在银行贷款。这时他想到了该村的支部书记柳甲、主任柳乙和财会黄某（另案处理）。"何不与他们商量，以柳家村的名义给自己贷款，然后再投资？"郑某想到这个主意后，便找到了上述3人。经过一番磋商，柳甲、柳乙同意了郑某的请求，决定先以"本村要建厂房"为由要求银行贷款支持，再将贷款全部借给郑某。计划拟定，不久便开始了实施。柳甲、柳乙和黄某3人来到镇农村信用合作社，由黄某具体负责洽谈贷款事宜。信用社领导经研究后认为贷款给柳家村建厂房，风险不大，应给予支持。但他们根本不知道这笔贷款是借给郑某使用。柳甲、柳乙和黄某在贷款的借据上签了名。贷款批准后，柳甲、柳乙和黄某没有将贷款一事告诉村民。所贷的款项到达后,没有入该村的账户,挪给了郑某等使用。至案发时,除另外一个借款人周某归还了10万元外,其余借给郑某等人的款项均未能追回,给柳家村造成巨额损失。2012年3月,柳家村与澳门一针织厂签订了一份转让土地的协议,将位于"三个塘"的108亩土地转给针织厂,每亩收"补偿价"2万元。同年4月,利成针织厂分三次将250万港元(当时折合人民币200万元)交给了黄某。黄某拿到这笔钱后没有入账,而是将钱全部借给了其堂侄黄某某用于偿还赌债。2013年10月,市纪委在柳家村进行清账时,柳甲、柳乙得知黄某将200万元征地款借给了其堂侄。为了应付检查、隐瞒真相,柳甲、柳乙与黄某"研究"了一番后,找到了"关系户"郑某,要求郑某写一份"借款人民币200万元"假借据,并向胡某等人借了130万元填补。但所借的款项仍不足以填平征地款200万元,于是,柳甲、柳乙和黄某又找到郑某,伪造了一份"补充协议",伪称村实收征地款为每亩1.25万元。至今黄某某仅归还了33万元,给该村造成了巨大的经济损失。2014年12月,柳甲、柳乙因挪用资金罪、包庇罪,分别被判有期徒刑10年6个月和9年。追缴被二人挪用的资金1873万元,返还该村。

【专家点评】

挪用公款罪是指国家工作人员利用职务上的便利,挪用公款归个人使用,进行非法活动的,或者挪用公款数额较大、进行营利活动的,或者挪用公款数额较大、超过3个月未还的行为。国有金融机构工作人员和国有金融机构委派到非国有金融机构从事公务的人员,利用职务上的便利,挪用本单位或者客户资金的,以挪用公款罪追究刑事责任。国有公司、企业或者其他国有单位中从事公务的人员和国有公司、企业或者其他国有单位委派到非国有公司、企业以及其他单位从事公务的人员,利用职务上的便利,挪用本单位资金归个人使用或者借贷给他人,数额较大,超过3个月未还的,或者虽未超过3个月,但数额较大,进行营利活动的,或者进行非法活动的,以挪用公款罪追究刑事责任。

从案例4中,我们更能感悟学习法律的重要。下面我们具体剖析这个案例。一是从收取挪用资金的性质和享有资金的所有权者看,根据国务院《农民承担费用和劳务管理条例》第7条、第8条之规定,提留包括公积金、公益金和管理费,属村民委员会全体社员所有。提留预算方案由农村集体经济组织或村民委员会提出,经农村集体经济组织或村民委员会讨论通过并报乡(镇)人民政府备案,并由村民委员会依法收取负责管理和依法按政策支配、使用,且用于本村范围。乡统筹费由乡镇人民政府依法收取,负责管理,依法用于本乡镇的乡、村两级办学、计划生育、优抚、民兵训练、修建乡村公路等民办公益事业。故村提留款、乡统筹费均属公共财物。徐某挪用公款虽属公共财物,但根据2000年4月29日第九届全国人大常委会第十五次会议通过《关于〈中华人民共和国刑法〉第九十三条第二款的解释》(以下简称《刑法第九十三条第二款解释》),村民委员会等村基层组织人员协助人民政府从事的七项行政管理工作之规定精神,村提留费未包括于该七项内容之列,故属挪用资金。乡统筹符合《刑法第九十三条第二款解释》第(七)项之规定"协助人民政府从事的其他行政管理工作"和前六项之规定精神,故属挪用公款。二是从主体身份分析,《刑法第九十三条第二款解释》规定,村民委员会等村基层组织人员协助人民政府从事该《刑法第九十三条第二款解释》中七项行政管理工作,属于"其他依照法律从事公务的人员"。徐某系村支部书记,虽不是村民委员会组成人员,但村支部委员会系村基层组织,而徐某系村级基层组织人员,故其主体身份符合《刑法》第93条第2款"其他依照法律从事公务的人员",应以国家工作人员论。三是乡统筹的征收方案，按照《农民承担费用和劳务管理条例》第 18 条规定，须经乡人民代表大会审议通过，乡统筹的征收是乡政府职能，交由村委会征收是政府委托，故村委会征收乡统筹是行使乡政府职能工作，是一种委托征收关系。综上所述，徐某挪用乡统筹费应根据全国人大常委会《刑法第九十三条第二款解释》中的第（七）项规定，认定为构成挪用公款罪；徐某挪用村提留款应根据《刑法》第 272 条的规定和最高人民法院《关于村民小组组长利用职务便利非法占有公共财物行为如何定性问题的批复》的精神，认定为构成挪用资金罪。

《刑法》第 272 条第 1 款规定："公司、企业或者其他单位的工作人员，利用职务上的便利，挪用本单位资金归个人使用或者借贷给他人，数额较大、超过三个月未还的，或者虽未超过三个月，但数额较大，进行营利活动的，或者进行非法活动的，处三年以下有期徒刑或者拘役；挪用本单位资金数额巨大的，或者数额较大不退还的，处三年以上十年以下有期徒刑。"另外，根据公安部《关于村民小组组长以本组资金为他人担保贷款如何定性处理问题的批复》（公法〔2001〕83 号）规定，村民小组组长利用职务上的便利，擅自将村民小组的集体财产为他人担保贷款，并以集体财产承担担保责任的，属于挪用本单位资金归个人使用的行为，构成犯罪的，应当依照《刑法》第 272 条第 1 款的规定，以挪用资金罪追究行为人的刑事责任。

挪用公款罪与挪用资金罪的区别主要表现为：第一，犯罪主体不同：前者是国家工作人员；后者是公司、企业或者其他单位工作人员，属于非国家工作人员。第二，犯罪客体不同：前者的客体是国家公共财产的管理制度；后者的客体是公司、企业或者其他单位的财产管理制度。第三，量刑不同：前者量刑重，最高可判无期徒刑；后者量刑轻，最高可判 10 年有期徒刑。第四，管辖不同：前者由检察机关立案侦查；后者由公安机关立案侦查。当然两者也有相同点，如犯罪的主观方面相同，都是故意；犯罪的客观方面也基本相同。应当注意的是，国有公司、企业或者其他国有单位中从事公务的人员和国有公司、企业或者其他国有单位委派到非国有公司、企业以及其他单位从事公务的人员有《刑法》第272条第1款行为的，应当依照《刑法》第384条的规定，按照挪用公款罪定罪处罚，不能定为挪用资金罪。审计人员在审计工作中如果发现挪用公款线索，则向检察机关移送；如果发现挪用资金线索，则向公安机关移送。

【相关链接】

● 《刑法》第384条规定："国家工作人员利用职务上的便利，挪用公款归个人使用，进行非法活动的，或者挪用公款数额较大、进行营利活动的，或者挪用公款数额较大、超过三个月未还的，是挪用公款罪，处五年以下有期徒刑或者拘役；情节严重的，处五年以上有期徒刑。挪用公款数额巨大不退还的，处十年以上有期徒刑或者无期徒刑。挪用用于救灾、抢险、防汛、优抚、扶贫、移民、救济款物归个人使用的，从重处罚。"

● 借贷公款与挪用公款的区别：

1. 主体的法人性。借贷行为人一般是单位的负责人或其他主管财务人员，这些人对内有经营决策权、公共财产支配权，对外有代表单位进行民事活动的资格；挪用则一般是个人决定的。

2. 形式的合法性。借贷都要经过一定的程序（如一般经过批准），办理一定的手续。挪用则是擅自动用公款的行为，一般无须办理手续，一经挪用，就不具备合法性。

需要注意以下两点：一是对以下几种借贷行为应以挪用论处：行为人利用职权自批自借，或互批互借，或假名、冒名借贷，或由他人借款后又转归自己使用。在这种情况下，借贷行为具备挪用公款的构成要件。二是对及时收回本息，未给单位造成损失的，一般可作违反财经纪律处理。因为这种情况下，行为的社会危害性小，情节显著轻微，不宜以挪用公款罪论处。

四、滥用职权犯罪

滥用职权是指国家机关工作人员超越职权,违法决定、处理其无权决定、处理的事项,或者违反规定处理公务,致使公共财产、国家和人民利益遭受重大损失的行为。

1. 误出认定书导致严重后果　工作人员涉嫌滥用职权犯罪

案例：王甲系某市城市管理监察支队支队长,派该支队外聘人员对被征收人李某违建房屋进行调查,轻信被征收人李某提供的一份该市建设局四城监停字〔2006〕第1049号责令停止违法建设行为通知书。王甲对李某无照房屋的建设年限认定上又不认真进行审核,仅凭李某提供的停建通知书和李某证实的建设时间,擅自决定将李某的违建房屋确定为2007年前建设

的。吕乙作为该市城市管理监察支队法制科终审认定工作的负责人，也没有认真进行审核，便在房屋建设情况认定书的"局领导审批意见"一栏里盖章。2015年1月14日，房地产评估有限公司以李某的1179.48平方米无照房屋为2007年前建设作为评估依据，评估价值为135万元。2015年7月28日经该市城市管理监察支队例会研究，认为对李某出具的上述两份认定书认定的事实不清、证据不充分，研究决定对这两份认定书予以撤销。由于王甲和吕乙的行为，严重影响了该市南新华大街改造工程进度，致使109路公交车不能按照正常路线行驶，给周边的工厂、学校人员出行造成了极大影响，而且使其他道路上的被征收人产生了观望态度，是对政府行政行为公信力的挑战，造成了恶劣的社会影响。检察机关认为，王甲身为国家授权委托的行政执法部门负责人，吕乙身为终审负责人，二人在执行公务过程中滥用职权，决定对二人以涉嫌构成滥用职权罪立案侦查。

2. 受朋友所托假公济私　滥用职权构成犯罪

案例：丁某所开饭店与于某所开酒店相邻，两家经常为争抢顾客发生争执。丁某找到其在食品卫生检查站工作的老同学

马某，让马某帮忙整治一下于某，马某满口答应。这天马某来到于某的酒店挑三拣四，吹毛求疵，诬称于某的酒店卫生不合格，不容分说强令于某停业整顿，并扣缴了于某的营业执照。致使于某1个月未能正常营业，直接经济损失10万元，并使该酒店信誉受到严重影响。此案经法院审理，认为马某滥用职权，造成经济损失10万元，情节一般，但受其朋友所托，徇于私情而假公济私，故意违反执法程序，有意曲解、滥用政策法律的规定，因而具有徇私舞弊的情节。决定对马某在5年以下有期徒刑的量刑幅度内量刑。

3. 滥用职权谋拆迁补偿款　终以诈骗罪被判处刑罚

案例：56岁的民警窦某利用其做社区民警的机会，不仅在市郊某村买了一处农房，还在该村拆迁之际，将其妻子及多名亲友的户口迁入农房。窦某在该村拆迁时，谎称该房产是宅基用房，且该房还进行生产经营，以此骗取拆迁补偿款。案发后，该案最初指控罪名是滥用职权罪。检察院立案侦查后认为，窦某明知其妻子李某以及王某、彭某等6人不符合在该村落户的条件，却违反规定出具《入户情况调查表》，在该村拆迁过程中，其谎称该房为宅基用房，且为生产经营用房，共骗取拆迁补偿款1035万余元和6套安置房。法院审理决定以诈骗罪判处窦某有期徒刑 13 年。

【专家点评】

滥用职权罪一般表现为 3 种形式：（1）在职责范围内，违反法律规定或者违背职责宗旨行使职权；（2）逾越职责范围擅自作出决定；（3）利用职责的便利条件，擅自强令下级作出决定。案例 2 中，马某是食品卫生检查站的工作人员，具备国家工作人员的身份。马某确实负有检查食品卫生的职责，但由于受朋友所托，其检查于某的酒店变成假公济私的行为。马某违背其履行职责所要求的公正宗旨，故意找茬，违反行政处罚法的规定和程序，擅自责令于某停业，查扣营业执照，导致于某信誉受损，直接经济损失 10 万元。马某违背了职责要求，违反了法律规定的权限和程序，滥用职权，造成重大经济损失，妨害了国家食品卫生正常的管理活动，故此理应构成滥用职权罪。

【相关链接】

●滥用职权罪是指国家机关工作人员超越职权，违法决定、处理其无权决定、处理的事项，或者违反规定处理公务，致使公共财产、国家和人民利益遭受重大损失的行为。涉嫌下列情形之一的，应予立案：（1）造成死亡 1 人以上，或者重伤 2 人以上，或者重伤 1 人、轻伤 3 人以上，或者轻伤 5 人以上的；（2）导致 10 人以上严重中毒的；（3）造成个人财产直接经济损失 10 万元以上，或者直接经济损失不满 10 万元，但间接经济损失 50 万元以上的；（4）造成公共财产或者法人、其他组织财产直接经济损失 20 万元以上，或者直接经济损失不满 20 万元，但间接经济损失 100 万元以上的；（5）虽未达到（3）、（4）两项数额标准，但（3）、（4）两项合计直接经济损失 20 万元以上，或者合计直接经济损失不满 20 万元，但合计间接经济损失 100 万元以上的；（6）造成公司、企业等单位停业、停产 6 个月以上，或者破产的；(7) 弄虚作假，不报、缓报、谎报或者授意、指使、强令他人不报、缓报、谎报情况，导致重特大事故危害结果继续、扩大，或者致使抢救、调查、处理工作延误的；(8) 严重损害国家声誉，或者造成恶劣社会影响的；(9) 其他致使公共财产、国家和人民利益遭受重大损失的情形。

国家机关工作人员滥用职权，符合《刑法》第九章所规定的特殊渎职罪构成要件的，按照该特殊规定追究刑事责任；主体不符合《刑法》第九章所规定的特殊渎职罪的主体要件，但滥用职权涉嫌上述第 (1) 项至第 (9) 项规定情形之一的，按照《刑法》第397条的规定以滥用职权罪追究刑事责任。

●滥用职权行为与造成的重大损失结果之间，必须具有刑法上的因果关系。滥用职权行为与造成的严重危害结果之间的因果关系错综复杂，有直接原因，也有间接原因；有主要原因，也有次要原因；有领导者的责任，也有直接责任人员的过失行为。构成滥用职权罪，应当追究刑事责任的，则是指滥用职权行为与造成的严重危害结果之间有必然因果联系的行为。否则，一般不构成滥用职权罪，而属于一般工作上的错误问题，应由行政主管部门处理。

B. 不可触碰的权力底线——负面权力清单的警示

五、玩忽职守犯罪

玩忽职守罪是指国家机关工作人员严重不负责任，不履行、不正确履行或者放弃履行其职责，致使公共财产、国家和人民利益遭受重大损失的犯罪。

1. 酒后失枪铸大错　玩忽职守罪应得

案例：黄某系县人武部库房军械保管员。这天，黄某明知晚上要值夜班，仍在晚饭时与朋友喝酒，酒后在值班时忘记锁上存放手枪的保险柜即倒头大睡，致使两支六四式手枪、子弹50发被案犯宋某所盗。宋某用所盗枪支，抢劫了一家储蓄所，劫款84万元，打死、打伤银行工作人员各3名。

黄某的玩忽职守行为导致银行巨款被抢，死伤多人，造成特别严重的人身伤亡和经济损失,属情节特别严重,依照法律规定,对被告人黄某应在3年以上7年以下有期徒刑的幅度内量刑。

2. 曹某虽未正确履职　但也不应强求入罪

案例:曹某系某派出所负责户籍窗口业务办理的民警。2008年4月,在为辖区内郑某办理二代身份证时,未按有关要求对郑某的一代身份证、常住人口信息及照片进行比对核实;在核发证件时,也未按有关规定将一代身份证收回,致使郑某冒用其兄郑某某的身份信息换领到郑某某二代身份证。2009年6月,郑某(当时真实年龄为18周岁)使用该身份证申请大型货车驾驶证。根据《机动车驾驶证申领和使用规定》的规定,申请大型货车的驾驶证需年满21周岁。2011年4月,郑某(未满21周岁)通过考试领取了名字为"郑某某"的驾驶证。2012年6月,郑某(已满21周岁)驾驶一辆重型自卸货车造成3人死亡的重大交通事故,郑某对该起事故负主要责任。很显然,本案中造成3人死亡的危害后果,郑某构成交通肇事罪自无疑义。但是往前追溯,还有以下两个情节不容忽略:第一,曹某未正确履行职责的行为,这一行为直接导致郑某冒用其兄的名字获得二代身份证;第二,郑某持该身份证报考并获取驾照的行为,这一行为导致了郑某在实际年龄不符合规定的情况下通过考试获得了驾驶证。由于危害结果并不是直接由曹某玩忽职守的行为引起的,在这种情况下,曹某未正确履职的行为对危害结果的发生有什么影响,不具备刑法意义上的因果关系,因而曹某也不构成玩忽职守罪。

3. 杨某分文未取 缘何犯罪

案例：杨某，女，汉族，原任某财政所总预算会计和"零户统管"核算中心总会计，案发前系某镇新型农村合作医疗管理办公室主任。2004年9月18日，镇成立"零户统管"会计核算中心强化乡（镇）财务管理。2004年10月15日，区财政局下文由时任财政所总预算会计的杨某担任会计核算中心总会计，根据其工作职责要求，负责组织实施中心"零户统管"的会计核算和监督工作。2005年12月2日至2007年11月16日，时任镇财政所"零户统管"会计核算中心资金会计的陆某利用其担任核算中心资金会计的职务便利，挪用会计核算中心基本户公款共94笔740500元，而犯罪涉嫌人杨某未能按照其工作职责的要求和规定制定相关的内部制约机制、进行对账，对统管单位的资金收支、结余情况失去监管，给陆某挪用公款提供了方便，造成镇财政所被陆某挪用公款740500元，所挪用的公款至今无法收回，给国家造成巨大经济损失。检察机关遂对杨某立案侦查，之后以其涉嫌玩忽职守罪依法移送审查起诉。

【专家点评】

案例3中，杨某自己分文未取，那为何要追究其刑事责任？主要是因为：一是不履行工作职责，工作严重不负责。杨某作为镇新型农村合作医疗管理办公室主任，其职责就是负责组织实施中心"零户统管"的会计核算和监督工作，而陆某在2005年12月至2007年11月长达两年时间内挪用基本户94笔，共计740500元，数额如此巨大，作为核算中心主任的杨某不可能一点没有察觉，但她竟然置之不理，不履行职责，对陆某的罪行持放任态度，致使国家财产受到巨大损失。由此看来造成陆某犯罪并非偶然，而是杨某作为国家工作人员严重不负责任，不履行会计核算和监督职责造成的。会计制度是国家基础的财务管理制度，是作为财务会计人员的基本的工作准则，杨某作为专业的财务会计人员，受过良好的专业会计技能学习和培训，其行为放松对自身的要求，放任了对工作的管理，缺乏自觉自主的工作积极性和自我思想约束。二是法律意识淡薄，管理不到位。杨某本应按照工作职责的要求和规定制定相关的内部制约机制、进行对账，而事实上其并没有按照职责建立起并实施整套的财务收支审批和经办制度，致使陆某找到漏洞，有机可乘。在财务上的管理不到位，在思想上害怕群众知道太多不利于工作，导致财务的透明度不够，本该让群众明白的却"暗箱操作"，本该定期将财务收支情况公开，却遮遮掩掩，内容贫乏、空洞，让人们无法了解资金的用途和去向。这样最终导致了陆某无章可循、无法可依，暗暗滋生犯罪意识，一次又一次肆无忌惮地实施犯罪。杨某作为财政所"零户统管"会计核算中心总会计，其应当很清楚总会计的任务，就是科学地统筹账户资金运用，结合本地区的管理特性，制定符合地区发展的会计体系，究其根源还是思想法律意识淡薄造成。三是监督缺乏客观因素，监管体制缺位。2004年9月18日镇成立"零户统管"会计核算中心,以强化乡(镇)财务管理。但在主体上,财政所本身就失去了内部监管,处于混乱状态。在客观上,镇政府的监督通常是表面工作,缺少监督实效,特别是对资金收支过问甚少,对于账目检查和审计几乎落空,因此,真空地带无疑是给犯罪分子打开了"绿色通道"。

玩忽职守罪一般表现为3种形式:(1)未履行职守,即行为人没有实施其职务上所要求的行为;(2)未尽职守,即行为人虽然履行了自己的职责,但态度不认真,马虎草率、敷衍塞责或解决问题不及时、不得力;(3)擅离职守,即不按职责要求,在特定时间离开了特定的场所。

案例1中,黄某身为县人武部军械保管员,当属国家机关工作人员。黄某虽按时到岗值班,但工作态度极不认真,明知酒后有可能使其身负的保管枪支的重责出现闪失,而轻信能够避免,导致酒后昏睡,忘记将存放手枪的保险柜锁好,使歹徒趁机盗走枪支,最终造成银行被抢、人员死亡的严重后果。黄某未尽职守的行为严重侵害了国家对枪支的正常管理活动。由此可见,黄某具备玩忽职守的主体身份,客观上有未尽职守的行为以及造成了重大损失的后果,主观上又有过失,实质上是对国家机关正常管理活动的侵害,无疑构成玩忽职守罪。

1979年《刑法》只规定有玩忽职守罪,而1997年《刑法》将其分解为玩忽职守罪和滥用职权罪。其目的在于将渎职犯罪从主观故意和行为方式上划分为两类,即一般情况下,玩忽职守罪属于过失的不作为犯,而滥用职权罪属于故意的作为犯。但也不能排除玩忽职守罪存在间接故意的可能,如明知其擅离职守的行为可能发生危害后果,而放任这种结果的发生。同时也不能排除滥用职权罪存在不纯正的不作为犯,如故意不在法定期限内申批当事人的合理要求而导致当事人受损。

【相关链接】

●渎职犯罪与玩忽职守犯罪的区别：

玩忽职守罪是指国家机关工作人员严重不负责任，不履行、不正确履行或者放弃履行其职责，致使公共财产、国家和人民利益遭受重大损失的犯罪。构成玩忽职守罪必须具备以下条件：（1）本罪的犯罪主体是国家机关工作人员，即国家权力机关、行政机关、司法机关、军队、政党中从事公务的人员；（2）本罪在主观方面是一种过失；（3）本罪在客观方面表现为不履行、不正确履行或者放弃履行职责，致使公共财产、国家和人民利益遭受重大损失的行为；（4）只有致使公共财产、国家和人民利益遭受重大损失，才能构成犯罪。

渎职罪是指国家机关工作人员滥用职权、玩忽职守、徇私舞弊、徇私枉法，妨害国家机关的正常管理活动，情节严重或者致使国家和人民的利益、公私财产遭受重大损失的行为。构成渎职罪的要件：（1）渎职犯罪侵犯的客体是国家机关的正常管理活动；（2）客观方面表现为各种滥用职权，或者徇私舞弊，或者玩忽职守，妨害国家机关正常管理活动的渎职行为；（3）本类罪的主体仅限于国家机关工作人员；（4）主观方面有故意，也有过失。

国家机关工作人员滥用职权、玩忽职守或者徇私舞弊，危害国家机关的正常管理秩序，给国家和人民利益造成重大损失的共涉及33个罪名，最常见的有以下六种：（1）滥用职权罪；（2）玩忽职守罪；（3）故意泄露国家秘密罪；（4）徇私枉法罪；（5）枉法裁判罪；（6）国家机关工作人员签订、履行合同失职被骗罪。

●依法、科学、合理界定玩忽职守犯罪的因果关系：

玩忽职守罪中危害行为与结果之间的因果关系与自然犯不同，后者体现的是自然性或伦理性。在自然犯罪中，因果判断主要是事实判断，并且多是通过技术手段如司法鉴定来完成。

而玩忽职守罪属于法定犯罪，其因果判断除了技术手段外，更多的要注意从法律意义上判断，即从法律意义上考察产生结果的实质原因是否是该玩忽职守行为。因此，对玩忽职守罪要构建以事实原因和法律原因的双层次因果判断模式。事实原因的判断，纯粹属于事实上的认定过程，体现的是一种技术性的判断，其功能在于将客观上不存在因果联系的事实排除在考察范围之外。而法律原因的判断，是在事实原因判断的基础上，从法律调整和控制目的进行评价，是一种法的价值的判断，是在事实判断的基础上作进一步法律上的筛选的同时，从法律上对事实判断的结论进行检验，使得判断结论在法律上具有说服力。

在具体操作层面上，玩忽职守罪法律原因判断应从以下几个方面展开：（1）必须明确行为人法定职责所要求的具体作为义务的内容。玩忽职守罪的前提是行为人负有特定作为义务，应当作为，而且能够作为，但行为人却不作为，表现为不履行或者不认真履行自己的义务。负有职责意味着行为人有义务正确、妥当地处理自己职权所应处理的事务。（2）行为人的玩忽职守行为制造了被刑法所否定的社会危险。在一般意义上，只要国家机关工作人员不履行或不认真履行职责，就可以认定其制造了不被允许的危险。但是，玩忽职守行为所制造的危险往往具有潜在性、抽象性、一般性的特点，这种危险只有通过中介因素才能转化为现实的、具体的、特定的危险。因此，这种危险是否要上升到刑法否定评价的程度，除了现有对玩忽职守犯罪危害后果有一个标准之外，更多的是要结合具体个案进行评价分析。（3）要考虑危险行为的持续性。由于玩忽职守罪的危险性通常需要中介才能最终完成，因此当某种构成潜在危险的条件被排除以后，危险可能就不存在。这种危险条件的排除，一般有两种情形：第一种情形是职务行为效力的存续期限届满。因为危害行为以职务行为为载体，当该行为效力在危害结果出现之前已经终结，且与后来引起危害结果的事实没有关联时，则此危害行为与后面的危害后果没有因果关系。第二种情形是潜在的、内在的中介因素在持续一段时间以后由于外在客观原因而被排除。

●针对渎职侵权犯罪呈现出犯罪行为系统化、犯罪主体群体化、危害后果多元化,以及案件涉及人多、面广、损失巨大、敏感性强、法律关系复杂等特点,检察机关明确了六个方面的办案重点和主攻方向:一是高度重视查办生态环境保护、食品药品安全等领域的渎职犯罪;二是紧盯"十三五"时期国家专项资金的申报、管理和发放,严肃查办专项资金领域的渎职犯罪;三是着力提高责任事故调查的介入率,依法查办事故所涉渎职等职务犯罪案件;四是严肃查办司法领域渎职侵权犯罪案件,特别是对冤错案件背后的徇私枉法、滥用职权、刑讯逼供等犯罪敢于亮剑;五是严肃查办换届选举中弄虚作假、送钱拉票等破坏选举犯罪及其所涉的渎职等职务犯罪案件;六是紧密结合当地实际,组织开展小专项活动,有针对性地拓宽办案领域。

对于重大生产安全、食品药品安全、环境污染等事故或事件,将推动行政主管部门及时向检察机关通报事故或事件发生的情况,积极派员参加调查,建立健全快速响应和同步介入调查机制。

六、违反纪律应当受到处罚的行为

全党各级组织和广大党员能否做到思想统一,行动一致,令行禁止,将直接影响到全面建设小康社会目标的实现。《中国共产党纪律处分条例》围绕党纪戒尺要求,开列"负面清单"、重在立规,划出了党组织和党员不可触碰的"底线"。

1. 戏谑丑化领导人　违反政治纪律受处分

案例:2015年5月17日,某县纪委接到一条违反政治纪律问题的举报线索。据线索反映,5月15日,某镇中心卫生院门诊部主任王某在其微信朋友圈(30多人)乱发不当政治议论,丑化党和国家领导人形象。该县派人展开调查,很快查清事实并给予王某党内警告处分。

2. 不报、瞒报　违反组织纪律

案例：某县交通运输局党总支书记赵某带领13名党员外出未认真履行书面报备手续，被通报批评。此消息一出，立刻在当地干部群众中引起强烈反响。据了解，端午节前后，县纪委派出多个明察暗访小组，其中第二督察组来到县交通运输局后，发现仅有3名工作人员上班，经询问后得知，有部分人员去参加党性教育活动了。督察组当场要求提供外出人员名单，但该单位工作人员迟迟拿不出来，这引起了督察组的警觉。随后，督察组到县委办公室、县政府办公室和组织部查阅记录发现，此次外出，县交通运输局并没有进行报备。外出不作书面报备，是典型的违反组织纪律行为，是不可触碰的"红线"。

县科技局原党组书记吴某申报个人住房情况，没有带头执行省里的清房政策，他心存侥幸、有意瞒报，是对组织不诚实，无视党纪条规的硬性约束，没有认识到党员领导干部遵守组织纪律、按规矩办事的重要性，最终受到了党内警告处分。

3. 伪造拆迁手续牟利　损害群众利益

案例：某市内环建设开发公司经理潘某利用掌握定向安置

经济适用房的权力，通过伪造手续，自己骗购定向安置经济适用房1套。随后，其又故伎重演，通过同样的方式伪造手续，为其姐骗购了定向安置经济适用房1套。两次得逞，侥幸心理进一步滋长，潘某变得有恃无恐，办公室、家中都成了他伪造骗取手续的场所。经查短短3年时间，通过伪造拆迁手续，潘某多次为他人骗购定向安置经济适用房。组织认为，潘某是经济适用房安置的组织实施者，手握拆迁安置政策落实的天平，稍有执行不公便会损害群众利益。潘某不仅不秉公办事，还将拆迁安置政策变成牟利工具，弄虚作假，欺上瞒下，为不符合条件的人大肆骗购，使本该拆迁安置的群众利益受到巨大损失，国家财产遭受重大损失，性质极其恶劣。同时，潘某还存在违反政治纪律、廉洁纪律等违纪问题。2015年5月，潘某被开除党籍；违纪所得被收缴。

4. 收受巨额贿赂　违反廉洁纪律

案例：县烟草公司总经理王某严重违反廉洁纪律，利用职务上的便利，为他人谋取利益，收受贿赂；为亲友经营活动谋取利益，被举报查处。经查王某的亲属与他人利用其影响力经商办企业、成立运输公司、经营与某卷烟厂直接相关的业务，获利甚为丰厚，王某本人从中也获取了巨额"好处"。

5. 不担主体责任　违反工作纪律

案例：王某自2011年起便一直担任一家卷烟厂党委书记，但是其作为履行从严治党主体责任的一把手却毫无责任和担当意识，反而以频繁的违纪违规行动"带领"手下一帮人走上了严重违纪违规的道路，最终导致卷烟厂从领导班子到中层干部严重违纪串窝案的发生。其中，包括相继被查处的厂党委原副书记、纪委原书记汪某某，原副调研员陶某某，技改办原主任马某某，技改办原副主任陈某某等一批干部。他们利用职权或直接干预卷烟厂设备维护维修、办公楼改造项目，或插手货物运输、建筑安装等诸多事项，胆大妄为，疯狂敛财，任性地将国企当作自己家的"地盘"和"摇钱树"。

6. 思想蜕变腐化　违反生活纪律

案例：上述第5个案例中的王某长期以来以"老大"自居，独断专行，从来不按规定公开厂务，大肆进行暗箱操作，方便相关利益关系人承接业务，严重侵犯了该厂职工群众的知情权，违反工作纪律。此外，王某生活奢靡、贪图享乐、道德败坏，长期与多名女性保持不正当男女关系，严重违反生活纪律。

【专家点评】

中共中央颁布实施新修订的《中国共产党廉洁自律准则》（以下简称《廉洁自律准则》）和《中国共产党纪律处分条例》（以下简称《党纪处分条例》），将违纪行为整合规范为政治纪律、组织纪律、廉洁纪律、群众纪律、工作纪律和生活纪律等六类，为广大党员开列了一份"负面清单"。

两项法规的颁布实施是在党长期执政和依法治国条件下，落实全面从严治党战略部署，实现依规依纪治党，切实加强党内监督的重大举措。两项法规一正一反、相互配套，《廉洁自律准则》坚持正面倡导、重在立德，是党员和党员领导干部能够看得见、够得着的高标准；《党纪处分条例》围绕党纪戒尺要求，开列"负面清单"、重在立规，划出了党组织和党员不可触碰的"底线"。

为贯彻落实习近平总书记关于学习贯彻落实两项法规的重要指示，推动各级党组织和广大党员深入学习、宣传、贯彻两项法规，广大党员须牢记各项廉洁自律规范和党的纪律要求，真正把党规党纪的权威树起来、立起来，执行到位。

上述第1个案例中，据了解王某平时表现较好，工作很积极,多次被评为先进工作者。这样一个积极上进的人,为何会违反政治纪律?事后王某说:"当时觉得在微信朋友圈谈论政治,是小范围的'玩笑',不会造成什么大影响。经过县纪委的教育,我知道自己的行为违反了政治纪律。"从他的话中不难发现,触犯纪律"红线"的原因,他作为一名党员干部却忘记了自己的身份,没有拿政治纪律当回事儿。政治纪律是最根本的纪律。作为一名党员,必须把政治纪律放在第一位,时刻用纪律这把尺子衡量自己的言行。纪检机关要把纪律和规矩挺在前面,把违反政治纪律和政治规矩的行为作为纪律审查的重点,抓早抓小、动辄得咎,坚决维护纪律的严肃性。

党的纪律处分有五种,由轻到重的顺序依次是警告、严重警告、撤销党内职务、留党察看、开除党籍。

【相关链接】

● 两项法规是如何体现以党章为遵循的?

党章是党的根本大法,是制定其他党内法规的基础和根据。全面从严治党首先要尊崇党章,牢牢把握党章这个根本遵循。这次对两项法规的修订,全面梳理了党章对党员干部的纪律要求和廉洁自律要求,把党章中的有关要点突出来,是对党章有关规定的具体化,用严明的纪律维护党章权威。例如,原《廉洁从政若干准则》,主要针对党员领导干部廉洁从政行为"8个禁止""52个不准"作出了规定。这次修订,按照党章党要管党要求把适用范围扩大到了8700万党员;具体内容也落实到廉洁自律更基础的要求。修订的《廉洁自律准则》规定的"四个必须""八条规范"(包括党员"四个坚持"、党员领导干部"四个自觉")等有关内容,都能从党章中找到依据。比如,党员要"坚持公私分明,先公后私,克己奉公",体现了党章第3条有关党员义务规定的基本要求。又如,党员领导干部要"廉洁从政，自觉保持人民公仆本色"，体现了党章第 34 条有关党员领导干部必备基本条件的规定要求。《党纪处分条例》同样也是如此。比如，总则部分第 3 条规定"党章是最根本的党内法规，是管党治党的总规矩……党组织和党员必须自觉遵守党章"等。分则部分各章更是具体体现了党章的要求。比如，根据党章规定的党员要"维护党的团结和统一，对党忠诚老实"的要求，在违反政治纪律行为中增加规定了"搞团团伙伙、结党营私、拉帮结派""对抗组织审查"的纪律处分条款；根据党章第 15 条第 1 款规定的"有关全国性的重大政策问题，只有党中央有权作出决定，各部门、各地方的党组织可以向中央提出建议，但不得擅自作出决定和对外发表主张"的要求，在违反政治纪律行为中规定了"擅自对应当由中央决定的重大政策问题作出决定和对外发表主张的"纪律处分条款；根据党章第 10 条关于"四个服从"要求，在违反组织纪律行为中规定了违反"四个服从"行为的纪律处分条款；根据党章第 3 条关于党员"为了保护国家和人民的利益，在一切困难和危险的时刻挺身而出，英勇斗争，不怕牺牲"的要求，在违反群众纪律行为中规定了遇危不救行为的纪律处分条款等。

●党员如果有这些违法甚至犯罪行为，如何追究党纪责任？

原《党纪处分条例》共 3 编、15 章、178 条、24000 余字，修订后的《党纪处分条例》共 3 编、11 章、133 条、17000 余字，分为"总则""分则"和"附则"三部分。

按照纪法分开的修订原则，凡国家法律法规已经规定的内容，《党纪处分条例》就不再重复规定。修订中共删除了 79 条与刑法、治安管理处罚法等法律法规重复的条款。但是，删除国家法律已有规定的内容，并不是说这些行为就不再是违纪，不再给予党纪处分。党章规定，党员有模范遵守国家法律法规的义务，违反国家法律法规的行为都是违纪行为。

删除与国法相重复的内容后，如何追究党员违法甚至犯罪行为的党纪责任，《党纪处分条例》区别五种不同情况，用专门条款分别作出了规定，以实现党纪与国法的有效衔接。一是规定党组织在纪律审查中发现党员有贪污贿赂、失职渎职等刑法规定的行为涉嫌犯罪的，应当给予撤销党内职务、留党察看或者开除党籍处分。二是党组织在纪律审查中发现党员有刑法规定的行为，虽不涉及犯罪但须追究党纪责任的，应当视具体情节给予警告直至开除党籍处分。三是党组织在纪律审查中发现党员有其他违法行为，影响党的形象，损害党、国家和人民利益的，应当视情节轻重给予党纪处分。对有丧失党员条件，严重败坏党的形象行为的，应当给予开除党籍处分。四是党员犯罪情节轻微，人民检察院依法作出不起诉决定的，或者人民法院依法作出有罪判决并免予刑事处罚，以及党员犯罪被单处罚金的，应当给予撤销党内职务、留党察看或者开除党籍处分。五是党员犯罪，有下列情形之一的，应当给予开除党籍处分：（1）因故意犯罪被依法判处《中华人民共和国刑法》规定的主刑（含宣告缓刑）的；（2）被单处或者附加剥夺政治权利的；（3）因过失犯罪，被依法判处3年以上（不含3年）有期徒刑的。因过失犯罪被判处3年以下（含3年）有期徒刑或者被判处管制、拘役的，一般应当开除党籍。对于个别可以不开除党籍的，应当对照处分党员批准权限的规定，报请再上一级党组织批准。

应当说，修订后的《党纪处分条例》在坚持纪法分开的同时，通过设定专门条款的方式，实现了党纪处分与国法处理的有效衔接，党纪处分制度更加科学，不会出现因纪法分开而放纵党员违法犯罪行为的情况。

● 《党纪处分条例》重新划分违纪类型主要是出于什么考虑？

原《党纪处分条例》将违纪行为分为10类，其中有相当部分内容与法律重复，比如贪污贿赂行为（原《党纪处分条例》第9章）、妨害社会管理秩序的行为（原《党纪处分条例》第

15章）等。这次修订，按照纪法分开的原则，删除了与法律重复的内容后，根据习近平总书记在十八届中央纪委五次全会上的重要讲话精神，结合党的纪律建设的理论和实践，将违纪行为分为违反政治纪律、组织纪律、廉洁纪律、群众纪律、工作纪律和生活纪律行为六类。其中，政治纪律是党的各级组织和全体党员在政治方向、政治立场、政治言论和政治行为方面必须遵守的行为准则，是维护党的团结统一的根本保证。政治纪律是最重要、最根本的纪律，是打头、管总的纪律，遵守党的政治纪律是遵守党的全部纪律的重要基础。组织纪律是规范和处理党的各级组织之间、党组织与党员之间以及党员与党员之间关系的行为规则，是维护党的集中统一、保持党的战斗力的重要保证。廉洁纪律是党组织和党员在从事公务活动或者其他与行使职权有关的活动中，应当遵守的廉洁用权的行为规则，是实现干部清正、政府清廉、政治清明的重要保障。群众纪律是党组织和党员在贯彻执行党的群众路线和处理党群关系过程中必须遵循的行为规则。群众纪律是党的性质和宗旨的体现，是密切党与群众血肉联系的重要保证，更具有执政党纪律的特色。这次修订将违反群众纪律的行为单设为一类，恢复了"三大纪律、八项注意"中关于群众纪律的优良传统，以保持党与人民群众的血肉联系。工作纪律是党组织和党员在党的各项具体工作中必须遵循的行为规则，是党组织和党员依规开展各项工作的重要保证。生活纪律是党员在日常生活和社会交往中应当遵守的行为规则，涉及党员个人品德、家庭美德、社会公德等各个方面，关系党的形象。党组织和党员违反上述六类行为的，应当追究纪律责任。

需要进一步说明的是，严重违反组织纪律、廉洁纪律、群众纪律、工作纪律、生活纪律等5类纪律，都会侵蚀党的执政基础和执政能力，关系人心向背，说到底都是破坏党的政治纪律。

C. 让法律告诉你如何行使权力
（法治文化讲堂实录）

主讲人：金琴云（二级律师，第四届、第五届台州市人大代表，第五届路桥区人大代表，路桥区妇联兼职副主席，台州市律师协会常务理事，浙江力汇律师事务所主任）

主讲内容：行政诉讼法

主持人：王建华（高级检察官、台州市法学会法治文化研究会主任委员）

主持人：权力清单和权力负面清单是一个事物的两个方面，它们的主体都是行政工作人员。为了防止和减少权力负面清单情形的再现，除了制定和强化权力清单外，更重要的是要依法办事、依法行政，这就离不开一部重要的法律——行政诉讼法。今天我们有幸邀请到浙江省台州市第五届人大代表、第五届路桥区人大代表、路桥区妇联兼职副主席、台州市律师协会常务理事、浙江力汇律师事务所主任金琴云，来到台州法治文化大讲堂，为大家讲授行政诉讼法有关内容。她今天讲课的题目是"让法律告诉你如何行使权力"。内容分三个部分：一是何谓行政诉讼；二是何谓行政复议；三是不可不知的5部行政法律规定。

C. 让法律告诉你如何行使权力（法治文化讲堂实录）

一、何谓行政诉讼

首先来介绍行政诉讼方面的受理范围、法定期限、行政诉讼注意事项及其案例。

1. 一场雾霾引发的官司

剧情简介：热淖镇村民发现，镇上华强厂近期经常排放浓烟，怀疑对环境有污染，在经过向市环保局举报不见效，欲向法院起诉却不具备诉讼资格后，只得找到牛镇长主持公道。一身正气的牛镇长听闻村民遭遇，一气之下强行关停华强厂生产设备。

这一行为为企业带来损失。华强厂厂长在恳求牛镇长未果，向市长反映也未得到解决的情况下，一纸诉状将镇政府告上了法庭。一心认为自己是由于环保局和法院不作为，才采取果断措施的牛镇长成了被告，心有委屈，找鲁市长诉苦并表示不愿出庭应诉，却被告知依照《行政诉讼法》规定必须出庭。

华强厂诉镇政府的案子，成为《行政诉讼法》修改后即墨市人民法院开审的第一例行政案件，广受各界关注。尽管坊间舆论更偏向镇政府，牛镇长却迎来意想不到的一场败诉。而鲁市长则在全程旁听案件后，在市政府举办了一次依法行政专题讲座，以败诉案例给大家上了生动一课……

通过影片，使广大干部进一步了解了修改后《行政诉讼法》的审理程序和执行力度，以及如何有效维护人民群众合法权益，从而有力促进行政机关依法行政。该影片融入了立案登记制、行政领导出庭、院庭长办案、环境公益诉讼、诉讼服务等多项法院重点亮点工作和法律知识点,取得了以案释法、以案普法的良好效果,有助于广大基层干部规范自身行为、提高依法行政依法用权的能力。

2. 行政诉讼的受案范围

(1) 修改后的《行政诉讼法》第12条规定了行政诉讼的受案范围,具体情形包含以下几项:

①对行政拘留、暂扣或者吊销许可证和执照、责令停产停业、没收违法所得、没收非法财物、罚款、警告等行政处罚不服的;

②对限制人身自由或者对财产的查封、扣押、冻结等行政强制措施和行政强制执行不服的;

③申请行政许可,行政机关拒绝或者在法定期限内不予答复,或者对行政机关作出的有关行政许可的其他决定不服的;

④对行政机关作出的关于确认土地、矿藏、水流、森林、山岭、草原、荒地、滩涂、海域等自然资源的所有权或者使用权的决定不服的;

⑤对征收、征用决定及其补偿决定不服的;

⑥申请行政机关履行保护人身权、财产权等合法权益的法定职责,行政机关拒绝履行或者不予答复的;

⑦认为行政机关侵犯其经营自主权或者农村土地承包经营权、农村土地经营权的;

⑧认为行政机关滥用行政权力排除或者限制竞争的;

⑨认为行政机关违法集资、摊派费用或者违法要求履行其他义务的;

⑩认为行政机关没有依法支付抚恤金、最低生活保障待遇或者社会保险待遇的;

⑪认为行政机关不依法履行、未按照约定履行或者违法变

更、解除政府特许经营协议、土地房屋征收补偿协议等协议的；

⑫认为行政机关侵犯其他人身权、财产权等合法权益的。

（2）注意事项

①认为行政机关没有依法支付抚恤金、最低生活保障待遇或者社会保险待遇的，人民法院可受理。

②认为行政机关侵犯其他人身权、财产权等合法权益的，本条将"人身权、财产权"修改为"人身权、财产权等合法权益"，修改意图可以看出扩大了受案范围。至于是否所有合法权益都能够通过行政诉讼来保障，在行政审判实践中，应当作出有利于行政相对人的推论，即除非法律明确规定某一类行为不具有可诉性，其他情况都应当纳入到行政诉讼的受案范围。

（3）不予受案范围

①国防、外交等国家行为；

②行政法规、规章或者行政机关制定、发布的具有普遍约束力的决定、命令；

③行政机关对行政机关工作人员的奖惩、任免等决定；

④法律规定由行政机关最终裁决的行政行为；

⑤公安、国家安全等机关依照《刑事诉讼法》的明确授权实施的行为；

⑥调解行为以及法律规定的仲裁行为；

⑦不具有强制力的行政指导行为；

⑧驳回当事人对行政行为提起申诉的重复处理行为；

⑨对公民、法人或者其他组织权利义务不产生实际影响的行为。

3. 关于行政诉讼时效期限

（1）起诉期限

【复议后提起诉讼】公民、法人或者其他组织不服复议决定的，可以在收到复议决定书之日起十五日内向人民法院提起诉讼。复议机关逾期不作决定的，申请人可以在复议期满之日起十五日内向人民法院提起诉讼。法律另有规定的除外。(《行政诉讼法》第45条)

【直接提起诉讼】公民、法人或者其他组织直接向人民法院提起诉讼的，应当自知道或者应当知道作出行政行为之日起六个月内提出。法律另有规定的除外。

因不动产提起诉讼的案件自行政行为作出之日起超过二十年，其他案件自行政行为作出之日起超过五年提起诉讼的，人民法院不予受理。(《行政诉讼法》第46条)

【对行政不作为提起诉讼】公民、法人或者其他组织申请行政机关履行保护其人身权、财产权等合法权益的法定职责，行政机关在接到申请之日起两个月内不履行的，公民、法人或者其他组织可以向人民法院提起诉讼。法律、法规对行政机关履行职责的期限另有规定的，从其规定。

公民、法人或者其他组织在紧急情况下请求行政机关履行保护其人身权、财产权等合法权益的法定职责，行政机关不履行的，提起诉讼不受前款规定期限的限制。(《行政诉讼法》第47条)

【未告知诉权或起诉期限】行政机关作出具体行政行为时，未告知公民、法人或者其他组织诉权或者起诉期限的，起诉期限从公民、法人或者其他组织知道或者应当知道诉权或者起诉期限之日起计算，但从知道或者应当知道具体行政行为内容之日起最长不得超过2年。

复议决定未告知公民、法人或者其他组织诉权或者法定起诉期限的，适用前款规定。(最高人民法院《关于执行〈中华人民共和国行政诉讼法〉若干问题的解释》第41条)

(2) 立案

【登记立案】人民法院在接到起诉状时对符合本法规定的起

诉条件的，应当登记立案。

对当场不能判定是否符合本法规定的起诉条件的，应当接收起诉状，出具注明收到日期的书面凭证，并在七日内决定是否立案。不符合起诉条件的，作出不予立案的裁定。裁定书应当载明不予立案的理由。原告对裁定不服的，可以提起上诉。（《行政诉讼法》第51条）

（3）起诉期限的扣除和延长

【起诉期限的延长】公民、法人或者其他组织因不可抗力或者其他不属于其自身的原因耽误起诉期限的，被耽误的时间不计算在起诉期限内。

公民、法人或者其他组织因前款规定以外的其他特殊情况耽误起诉期限的，在障碍消除后十日内，可以申请延长期限，是否准许由人民法院决定。（《行政诉讼法》第48条）

【起诉期限的扣除】由于不属于起诉人自身的原因超过起诉期限的，被耽误的时间不计算在起诉期间内。因人身自由受到限制而不能提起诉讼的，被限制人身自由的时间不计算在起诉期间内。（最高人民法院《关于执行〈中华人民共和国行政诉讼法〉若干问题的解释》第43条）

（4）提出答辩状

人民法院应当在立案之日起五日内，将起诉状副本发送被告。被告应当在收到起诉状副本之日起十五日内向人民法院提交作出行政行为的证据和所依据的规范性文件，并提出答辩状。人民法院应当在收到答辩状之日起五日内，将答辩状副本发送原告。

被告不提出答辩状的，不影响人民法院审理。（《行政诉讼法》第67条）

（5）申请回避

【申请回避】当事人申请回避，应当说明理由，在案件开始审理时提出；回避事由在案件开始审理后知道的，应当在法庭

辩论终结前提出。(最高人民法院《关于执行〈中华人民共和国行政诉讼法〉若干问题的解释》第47条)

被申请回避的人员,在人民法院作出是否回避的决定前,应当暂停参与本案的工作,但案件需要采取紧急措施的除外。(最高人民法院《关于执行〈中华人民共和国行政诉讼法〉若干问题的解释》第47条)

【法院对回避申请作出决定的期限】对当事人提出的回避申请,人民法院应当在3日内以口头或者书面形式作出决定。(最高人民法院《关于执行〈中华人民共和国行政诉讼法〉若干问题的解释》第47条)

【复议期限】申请人对驳回回避申请决定不服的,可以向作出决定的人民法院申请复议一次。复议期间,被申请回避的人员不停止参与本案的工作。对申请人的复议申请,人民法院应当在3日内作出复议决定,并通知复议申请人。(最高人民法院《关于执行〈中华人民共和国行政诉讼法〉若干问题的解释》第47条)

(6) 一审审限

【普通程序】人民法院应当在立案之日起六个月内作出第一审判决。有特殊情况需要延长的,由高级人民法院批准,高级人民法院审理第一审案件需要延长的,由最高人民法院批准。(《行政诉讼法》第81条)

【简易程序】适用简易程序审理的行政案件,由审判员一人独任审理,并应当在立案之日起四十五日内审结。(《行政诉讼法》第83条)

行政诉讼法第五十七条(修改后《行政诉讼法》第八十一条)、第六十条(修改后《行政诉讼法》第八十八条)规定的审限,是指从立案之日起至裁判宣告之日止的期间。鉴定、处理管辖争议或者异议以及中止诉讼的时间不计算在内。(《最高人民法院关于执行〈中华人民共和国行政诉讼法〉若干问题的解释》第64条)

(7) 发送裁判文书

人民法院对公开审理和不公开审理的案件，一律公开宣告判决。

【发送裁判文书】当庭宣判的，应当在十日内发送判决书；定期宣判的，宣判后立即发给判决书。

宣告判决时，必须告知当事人上诉权利、上诉期限和上诉的人民法院。（《行政诉讼法》第80条）

(8) 上诉期限

【上诉期限】当事人不服人民法院第一审判决的，有权在判决书送达之日起十五日内向上一级人民法院提起上诉。当事人不服人民法院第一审裁定的，有权在裁定书送达之日起十日内向上一级人民法院提起上诉。逾期不提起上诉的，人民法院的第一审判决或者裁定发生法律效力。（《行政诉讼法》第85条）

【法院移送案件期限】当事人提出上诉，应当按照其他当事人或者诉讼代表人的人数提出上诉状副本。

原审人民法院收到上诉状，应当在5日内将上诉状副本送达其他当事人，对方当事人应当在收到上诉状副本之日起10日内提出答辩状。

原审人民法院应当在收到答辩状之日起5日内将副本送达当事人。

原审人民法院收到上诉状、答辩状，应当在5日内连同全部案卷和证据，报送第二审人民法院。已经预收诉讼费用的，一并报送。（最高人民法院《关于执行〈中华人民共和国行政诉讼法〉若干问题的解释》第66条）

(9) 二审审限

人民法院审理上诉案件，应当在收到上诉状之日起三个月内作出终审判决。有特殊情况需要延长的，由高级人民法院批准，高级人民法院审理上诉案件需要延长的，由最高人民法院批准。（《行政诉讼法》第88条）

(10) 再审申请时限

【当事人申请再审】当事人对已经发生法律效力的判决、裁定，认为确有错误的，可以向上一级人民法院申请再审，但判决、裁定不停止执行。(《行政诉讼法》第90条)

【当事人申请再审期限适用民事诉讼法规定】人民法院审理行政案件，关于期间、送达、财产保全、开庭审理、调解、中止诉讼、终结诉讼、简易程序、执行等，以及人民检察院对行政案件受理、审理、裁判、执行的监督，本法没有规定的，适用《中华人民共和国民事诉讼法》的相关规定。(《行政诉讼法》第101条)

(11) 再审审限

【再审按一审程序审理的】6个月。再审案件按照第一审程序审理的，适用行政诉讼法第五十七条(修改后《行政诉讼法》第81条)规定的审理期限。(最高人民法院《关于执行〈中华人民共和国行政诉讼法〉若干问题的解释》第81条)

【再审按二审程序审理的】3个月。再审案件按照第二审程序审理的，适用行政诉讼法第六十条(修改后《行政诉讼法》第八十八条)规定的审理期限。(最高人民法院《关于执行〈中华人民共和国行政诉讼法〉若干问题的解释》第81条)

【延长审限】基层人民法院申请延长审理期限，应当直接报请高级人民法院批准，同时报中级人民法院备案。(最高人民法院《关于执行〈中华人民共和国行政诉讼法〉若干问题的解释》第82条)

(12) 申请执行期限

【申请执行】申请人是公民的，申请执行生效的行政判决书、行政裁定书、行政赔偿判决书和行政赔偿调解书的期限为1年，申请人是行政机关、法人或者其他组织的为180日。

申请执行的期限从法律文书规定的履行期间最后一日起计算；法律文书中没有规定履行期限的，从该法律文书送达当事人之日起计算。

逾期申请的，除有正当理由外，人民法院不予受理。（最高人民法院《关于执行〈中华人民共和国行政诉讼法〉若干问题的解释》第84条）

【非诉执行】公民、法人或者其他组织对行政行为在法定期限内不提起诉讼又不履行的，行政机关可以申请人民法院强制执行，或者依法强制执行。（《行政诉讼法》第97条）

当事人在法定期限内不申请行政复议或者提起行政诉讼，又不履行行政决定，没有行政强制执行权的行政机关可以自期限届满之日起三个月内，依照本章规定申请人民法院强制执行。（《行政强制法》第53条）

（13）其他

【适用《民事诉讼法》规定】人民法院审理行政案件，关于期间、送达、财产保全、开庭审理、调解、中止诉讼、终结诉讼、简易程序、执行等，以及人民检察院对行政案件受理、审理、裁判、执行的监督，本法没有规定的，适用《中华人民共和国民事诉讼法》的相关规定。（《行政诉讼法》第101条）

人民法院审理行政案件，除依照行政诉讼法和本解释外，可以参照民事诉讼的有关规定。（最高人民法院《关于执行〈中华人民共和国行政诉讼法〉若干问题的解释》第97条）

行政许可实施过程中存在大量的程序行为，多为通知或告知，比如，受理行政许可申请通知、准予或不准予听证的通知、补正材料的通知、告知申辩权、行政许可有关信息的告知、公示、说明、解释等，这些行为是否具有可诉性？

主流观点认为，这类行为不具有最终性，起诉这些行为的时机不成熟。但是，有时过程行为可以具有事实上的最终性，并影响公民、法人或其他组织的合法权益。

比如，坚持让其等待行政机关作出最终决定后再起诉，则可能使司法救济丧失有利时机，甚至失去意义。为了有效监督行政机关依法行政，保护公民、法人或其他组织的合法权益，此时，应当承认过程行为的可诉性，作为通常标准的一个例外。

【规范性文件的附带审查（新增）】

公民、法人或者其他组织认为行政行为所依据的国务院部门和地方人民政府及其部门制定的规范性文件不合法，在对行政行为提起诉讼时，可以一并请求对该规范性文件进行审查。

前款规定的规范性文件不含规章。（《行政诉讼法》第53条）

【如何理解《行政诉讼法》第53条】

（1）对规范性文件进行合法性审查

在行政诉讼中附带审查规范性文件的合法性是法院的一项全新工作，没有经验。如何审查：

①是否具有制定权限。

注意：行政机关内设机构和临时性机构不得以本机构的名义制定规范性文件。

②是否符合法律保留原则。

③与上位法是否抵触。

这里的不抵触不仅指规范性文件不能与上位法直接冲突，而且还不能超越上位法已规定的事项范围、处理方式的种类和幅度等内容。

④是否违反法定程序。

（2）法院对规范性文件进行附带性审查后如何处理？

人民法院在审理行政案件中，经审查认为本法第五十三条规定的规范性文件不合法的，不作为认定行政行为合法的依据，并向制定机关提出处理建议。（《行政诉讼法》第64条）

（3）经审查认为规范性文件不合法，据此所作的行政行为是否必然违法？

一般来说，行政行为所依据的规范性文件不合法，行政行为也很可能违法。但行政行为是否合法，法院判断的依据是法律、法规，并参照规章。即规范性文件并不是判断的依据，并不必然导致行政行为不合法。

4. 行政诉讼注意事项

(1) 机关负责人出庭应诉制度

人民法院应当保障公民、法人和其他组织的起诉权利,对应当受理的行政案件依法受理。

行政机关及其工作人员不得干预、阻碍人民法院受理行政案件。

被诉行政机关负责人应当出庭应诉。不能出庭的,应当委托行政机关相应的工作人员出庭。(《行政诉讼法》第3条)

行政诉讼法第三条第三款规定的"行政机关负责人",包括行政机关的正职和副职负责人。行政机关负责人出庭应诉的,可以另行委托一至二名诉讼代理人。(最高人民法院《关于适用〈中华人民共和国行政诉讼法〉若干问题的解释》第5条)

(2) 行政诉讼的证据

表1 行政诉讼的证据

证据种类	备注
书证	一般要原件,提供有关部门保管的复制件、影印件、抄录件的,要求保管机关加盖印章;提供报表、图纸、会计账册、专业技术资料、科技文献的,应当附说明材料。
物证	一般要原物。
视听资料	一般要原始载体,声音资料应当附有该声音内容的文字记录。
电子数据	新增。
当事人陈述	谈话笔录,要求询问人、被询问人签名或者盖章。
证人证言	一般应是口头的;提供书面证人证言,需要有证人的签名或盖章。
鉴定意见	要有鉴定人的签名和鉴定部门的盖章,一般书面鉴定结论即可,但当事人在要求鉴定人出庭的,鉴定人应出庭。

续表

证据种类	备注
现场笔录	一般应有执法人员（必须签）、当事人签名。当事人拒绝签名或者不能签名的，应当注明原因。有其他人在现场的，可由其他人签名。
勘验笔录	一般应有勘验人、在场人（当地基层组织或者当事人所在单位的派员）、当事人或其成年亲属签名。当事人或其成年亲属拒不到场的，应当在勘验笔录中说明。

被告向人民法院提供的现场笔录，应当载明时间、地点和事件等内容，并由执法人员和当事人签名。当事人拒绝签名或者不能签名的，应当注明原因，有其他人在现场的，可由其他人签名。（最高人民法院《关于行政诉讼证据若干问题的规定》第 15 条）

行政诉讼的特殊证据——现场笔录。现场笔录的制作要求：①必须现场制作；②有执行职务人、当事人和见证人签名或盖章，但如果当事人拒绝签名，或是亦没有见证人签名的，并不影响现场笔录的效力。

（3）行政诉讼的举证责任

表 2　行政诉讼的举证责任

当事人	举证责任
被告	被告对作出具体行政行为的合法性负有举证责任，被告不提供或者无正当理由逾期提供证据，视为没有相应证据。但是，被诉行政行为涉及第三人合法权益，第三人提供证据的除外。自收到起诉书副本之日起 15 日内，提供据此作出被诉具体行政行为的全部证据和所依据的规范性文件。
原告	①原告可以提供证明行政行为违法的证据；但证据不成立的，不免除被告的举证责任；②不作为案件中，应当证明自己提出过申请；③行政赔偿、补偿案件中，原告对行政行为造成的损害提供证据。

①原则：在诉讼过程中，被告不得自行向原告和证人收集证据。

②例外：被告经人民法院允许可延期或补充相关证据。

A. 被告在作出行政行为时已经收集，但因不可抗力不能提供，被告可延期提供证据；

B. 原告或第三人提出了行政程序中未提出的反驳理由和证据，被告可补充证据。

（4）行政诉讼的调解

人民法院审理行政案件，不适用调解。但是，行政赔偿、补偿以及行政机关行使法律、法规规定的自由裁量权的案件可以调解。

调解应当遵循自愿、合法原则，不得损害国家利益、社会公共利益和他人合法权益。（《行政诉讼法》第60条）

【归纳】

可适用调解的行政案件的类型：

①行政赔偿案件；

②行政补偿案件；

③行政机关行使自由裁量权的案件。

（5）行政诉讼的执行

①当事人不履行行政诉讼判决、裁定和调解书的处理：行政机关或者第三人可以向第一审人民法院申请强制执行，或者由行政机关依法强制执行。

②行政机关不履行行政诉讼判决、裁定和调解书的处理：

一是对应当归还的罚款或者应当给付的款额，通知银行从该行政机关的账户内划拨；

二是在规定期限内不履行的，从期满之日起，对该行政机关负责人按日处50元至100元的罚款；

三是将行政机关拒绝履行的情况予以公告；

四是向监察机关或者该行政机关的上一级行政机关提出司

法建议。接受司法建议的机关,根据有关规定进行处理,并将处理情况告知人民法院;

五是拒不履行判决、裁定、调解书,社会影响恶劣的,可以对该行政机关直接负责的主管人员和其他直接责任人员予以拘留;情节严重,构成犯罪的,依法追究刑事责任。

5. 案例解读

下面介绍一些案例供大家学习和思考:

▲案例1:有经济纠纷不是警察不作为的理由

2015年1月8日8时许,佘某向如皋市公安局报警称有人因与其父佘某华有经济纠纷故而阻拦其车辆。接警民警在了解到系案外人与佘某华存在经济纠纷,希望以此方式促使佘某华出面解决纠纷后,出警民警现场告知张某、李某等人应通过合法途径维护自己的合法权益,不得有违法行为。当日下午,李某等通过案外人薛某电话联系拖车公司将案涉车辆拖走。车辆被拖走后,佘某于2015年1月10日再次报警,要求如皋市公安局依法履职,并邮寄了"抢劫苏F×××××轿车举报材料",要求如皋市公安局立案侦破、追回车辆、追究行为人的违法犯罪责任。2015年1月15日,佘某华至派出所再次报警。此后,如皋市公安局向李某、薛某、戴某等人进行了调查询问,并分别制作了询问笔录。佘某之后对如皋市公安局提起行政诉讼。

原告要求及理由:如皋市公安局现场出警后未能有效制止违法行为,属未依法履行职责,事后亦未对张某等人的治安违法行为立案查处,亦属行政不作为,且未在法定审限内办结该治安案件,未依法履行保护公民财产安全的法定职责,应当予以处理。

被告辩称:接到报警后即出警,在出警现场劝诫双方依法解决争议，其现场处置行为合法。案外人张某等人拖走原告车辆系因其与原告存在民事争议，公安机关不宜介入处理。且原告书面报案材料系要求追究案外人的刑事责任，故如皋市公安局未予立案查处并不构成行政不作为。

核心焦点：公安局是否已经依法履行了法定职责。

【裁判结果】

确认如皋市公安局未依法履行职责的行为违法，责令如皋市公安局在30日内对佘某华的报案作出处理决定。

【裁判理由】

即使案外人张某、李某等人与佘某华之间存在民事争议，亦应当通过诉讼、申请诉讼保全等合法途径解决。其未经佘某华同意，无权擅自强行扣留、占有佘某华的财产。公民以私力强占方式来实现的自我救济行为，为我国法律所禁止。存在民事纷争，并不构成当事人可以实施违法行为的正当理由。公安机关依法制止、查处非法侵犯财产的行为，系维护正常社会治安秩序的职责要求，并不属于违法介入民事争议的处理。相反，公安机关放任、允许任何人以存在民事纷争为由，不经法定程序即可径行强取他人财产，将会导致原本有序的财产关系处于不稳定的状态，从而使得整个社会秩序失范。故如皋市公安局提出的因本案当事人之间存在民事争议，其不介入处理不构成行政不作为的辩称理由不能成立。

【法条链接】

1. 《人民警察法》第6条：公安机关的人民警察按照职责分工，依法履行下列职责：（一）预防、制止和侦查违法犯罪活动；（二）维护社会治安秩序，制止危害社会治安秩序的行为；……

第21条：人民警察遇到公民人身、财产安全受到侵犯或者处于其他危难情形，应当立即救助；对公民提出解决纠纷的要求，应当给予帮助；对公民的报警案件，应当及时查处。人民警察应当积极参加抢险救灾和社会公益工作。

2.《治安管理处罚法》第2条：扰乱公共秩序，妨害公共安全，侵犯人身权利、财产权利，妨害社会管理，具有社会危害性，依照《中华人民共和国刑法》的规定构成犯罪的，依法追究刑事责任；尚不够刑事处罚的，由公安机关依照本法给予治安管理处罚。

第77条：公安机关对报案、控告、举报或者违反治安管理行为人主动投案，以及其他行政主管部门、司法机关移送的违反治安管理案件，应当及时受理，并进行登记。

第78条：公安机关受理报案、控告、举报、投案后，认为属于违反治安管理行为的，应当立即进行调查；认为不属于违反治安管理行为的，应当告知报案人、控告人、举报人、投案人，并说明理由。

第95条：治安案件调查结束后，公安机关应当根据不同情况，分别作出以下处理：

（一）确有依法应当给予治安管理处罚的违法行为的，根据情节轻重及具体情况，作出处罚决定；

（二）依法不予处罚的，或者违法事实不能成立的，作出不予处罚决定；

（三）违法行为已涉嫌犯罪的，移送主管机关依法追究刑事责任；

（四）发现违反治安管理行为人有其他违法行为的，在对违反治安管理行为作出处罚决定的同时，通知有关行政主管部门处理。

▲案例2：贾某宝与山东省人民政府行政违法案
——权利滥用不具有诉的利益

原告贾某宝于2016年10月6日用同一挂号信向被告山东省

人民政府邮寄了包括本案涉案申请在内的 8 份行政复议申请书，分别以青岛市人民政府、潍坊市人民政府、山东省人民政府为被申请人，内容涉及原告因申请政府信息公开而对青岛市人民政府、潍坊市工商行政管理局、济南市人民政府、济南市工商行政管理局、日照市人民政府、山东省人民政府等行政机关进行多次举报投诉的处理答复情况。本案被告于 10 月 8 日签收后未作出行政复议受理或不受理的书面告知，超过 60 日的法定期限也未作出行政复议决定。被告不予处理和答复的行为违反了程序正当和合法行政的原则，已构成不依法履行行政复议职责的行政不作为。原告诉请法院判决：（1）确认被告未在法定期限内依法作出行政复议决定的行为违法；（2）责令被告限期履行行政复议职责；（3）本案诉讼费用由被告承担。

【裁判要点】

行政资源和司法资源的有限性，决定了行政机关和人民法院只能满足当事人有效的正当的行政需求和司法需求。本案中，原告通过申请政府信息公开继而提起行政复议、行政诉讼，以期达到扩大影响、反映信访诉求目的的行为，已经使行政和司法资源在维护个人利益与公共利益之间有所失衡，原告所为已经背离权利正当行使的本旨，其起诉不具有予以司法救济的必要性，也即无诉的利益，故原告的起诉依法应予驳回。另外，为维护法律的严肃性、有效利用有限的行政资源和司法资源，对于原告今后再次向人民法院提起的类似行政诉讼，法院在决定是否进入实体审理前，均予以全面严格书面审查。如经法院书面审查，原告提出的类似诉讼仍不具有诉的利益，法院将直接予以书面裁定驳回。

【裁判结果】

法院认为，从原告贾某宝申请的内容来看，原告不断申请政府信息公开进而提起行政复议，具有反复性、纠缠性、非正当性的特点，其主要目的并非为了发挥政府信息对其生产、生活和经济社会活动的服务作用,亦并非利用行政复议功能维护其受侵害的利益,而是为达到扩大其个人影响、反映信访诉求的目的。因此,原告的行为不仅耗费了大量的行政成本,而且影响了行政机关正常的工作秩序和行政机关对其他公民正常信息公开申请和行政复议申请的正常及时处理,经审查原告行为已构成对政府信息公开申请权和行政复议权的不当行使。依照《最高人民法院关于适用〈中华人民共和国行政诉讼法〉若干问题的解释》第3条第1款第(十)项之规定,裁定如下:驳回原告贾某宝的起诉。

▲案例3:国有土地使用权出让合同纠纷属于民事诉讼受案范围

一、香江酒楼、香江公司清算组向海南省高级人民法院提起民事诉讼称:2001年10月18日,海口市国土局与香江酒楼、香江公司就案涉土地的出让签订了《国有土地使用权出让合同》;香江酒楼、香江公司已缴清土地出让金及契税;海口市国土局未将案涉土地使用权证办理至香江酒楼、香江公司名下。故请求判令:海口市国土局将案涉土地交付给香江酒楼、香江公司清算组,并交付土地权证;若海口市国土局不履行上述义务,则赔偿香江酒楼、香江公司清算组经济损失118806506元。

二、海南省高级人民法院认为本案不属于民事诉讼受案范围,且香江公司清算组作为诉讼主体不适格,故裁定:驳回香江酒楼、香江公司清算组的起诉。

三、香江酒楼、香江公司清算组不服海南省高级人民法院裁定,上诉至最高人民法院。最高人民法院裁定:撤销海南省高级人民法院裁定;指令海南省高级人民法院审理本案。

【裁判结果】

国有土地使用权出让合同应认定为民事合同,属于民事诉讼受案范围。原因在于：（1）国有土地使用权出让合同系当事人双方协商订立，遵循平等、自愿、有偿原则；（2）国有土地使用权出让合同双方当事人权利义务对等；（3）现行的《国有土地使用权合同纠纷解释》将国有土地使用权合同定性为民事合同，《民事案件案由规定》亦将"建设用地使用权出让合同纠纷"列为"合同纠纷"的下级案由予以明确。因此，最高人民法院认为海南省高级人民法院以本案不属于民事纠纷为由驳回香江公司清算组及香江酒楼的起诉欠妥，指令海南省高级人民法院审理本案。

▲案例4：钱某伟诉浙江省慈溪市掌起镇人民政府案

钱某伟于2013年1月17日向慈溪市掌起镇人民政府邮寄政府信息公开申请书，申请公布柴家村2000年以来的村民宅基地使用的审核情况、村民宅基地分配的实际名单及宅基地面积和地段，柴家村的大桥拆迁户全部名单及分户面积，柴家村大桥征地拆迁户中货币安置户的全部名单及分户面积，在柴家村建房的外村人员的全部名单及实际住户名单，并注明其建房宅基地的来龙去脉。2013年4月10日，慈溪市掌起镇人民政府作出《信访事项答复意见书》，其中关于信息公开的内容为："柴家村大桥拆迁涉及拆迁建筑共367处，其中，拆迁安置317户，货币安置16户。上述信息所涉及的相关事宜已通过相关程序办理，且已通过一定形式予以公布，被相关公众所知悉。"钱某伟对此答复不服，提起诉讼。认为该答复是"笼统的，不能说明任何问题的信息，与原告所要求公开的信息根本不符，实质上等于拒绝公开"。

【裁判结果】

慈溪市人民法院经审理认为，被诉答复内容仅对少量的政府信息公开申请作出了答复，对其他政府信息公开申请既没有答复，亦没有告知原告获取该政府信息的方式和途径，而且被告在诉讼中未向本院提供其作出上述答复的相应证据，故应认定被告作出的答复主要证据不足。被告辩称，《政府信息公开条例》于 2008 年 5 月 1 日起才实施，在此之前的政府信息不能公开。法院认为，原告申请公开政府信息时，该条例早已实施。针对原告的申请，被告应当依据该条例的相关规定作出答复。如原告申请公开的政府信息属于不予公开范围的，被告应当告知原告并说明理由。况且，被告认为该条例施行之前的政府信息不能公开，缺乏法律依据。故被告上述辩称意见，理由并不成立，不予采信。判决撤销被告慈溪市掌起镇人民政府作出的政府信息公开答复；责令其在判决生效之日起 30 日内对钱某伟提出的政府信息公开申请重新作出处理。

一审宣判后，当事人均未上诉，一审判决发生法律效力。

【意义】

本案的焦点集中在历史信息的公开问题。所谓历史信息，是指《政府信息公开条例》施行前已经形成的政府信息。虽然在立法过程中确有一些机关和官员希望能够将历史信息排除在适用范围之外，但《政府信息公开条例》对政府信息的定义并没有将信息的形成时间进行限定，亦未将历史信息排除在公开的范围之外。本案判决确认"被告认为该条例施行之前的政府信息不能公开，缺乏法律依据"，符合立法本意。至于"法不溯及既往"原则，指的是法律文件的规定仅适用于法律文件生效以后的事件和行为，对于法律文件生效以前的事件和行为不适用。就本案而言，所谓的事件和行为，也就是原告依照条例的规定申请公开政府信息，以及行政机关针对申请作出答复。本案判决指出，"原告申请公开政府信息时，该条例早已实施"，就是对"法不溯及既往"原则的正确理解。

▲案例5：不服行政复议决定能否再次申请行政复议

杨某全向山东省青岛市市南区法律援助中心申请法律援助，该中心作出不予法律援助决定。杨某全不服，向青岛市市南区司法局提出异议。该局作出答复意见，认为该不予法律援助决定适用依据正确，内容适当。杨某全对该答复意见不服，向青岛市司法局申请行政复议。该局于2013年10月23日作出告知书，告知其所提复议申请已超过法定申请期限。杨某全对此不服，向山东省青岛市人民政府申请行政复议。该府于2013年10月30日作出青政复办告字〔2013〕77号告知书，告知其提出的行政复议申请事项不符合行政复议受案条件。杨某全对此不服，向山东省人民政府申请行政复议，要求撤销该告知书；撤销青岛市司法局、青岛市市南区司法局及青岛市市南区法律援助中心作出的决定；履行颁发宅基地证及房产证的法定职责。山东省人民政府于2013年11月18日对其作出鲁政复不字〔2013〕38号不予受理行政复议申请决定（以下简称不予受理决定），并向其邮寄送达。杨某全不服，提起行政诉讼，请求撤销该不予受理决定，判令山东省人民政府赔偿损失。

【裁判结果】

山东省济南市中级人民法院一审认为：杨某全对青岛市人民政府青政复办告字〔2013〕77号告知书不服提出行政复议申请，不属于《行政复议法》第6条规定的行政复议范围。杨某全对青岛市司法局、青岛市市南区司法局及青岛市市南区法律援助中心作出的决定等行为不服提出行政复议申请，均不属于山东省人民政府的审查范围。山东省人民政府决定不予受理原告的行政复议申请，并无不当。据此作出〔2013〕济行初字第111号行政判决，驳回杨某全的诉讼请求。

杨某全不服，提起上诉。

山东省高级人民法院二审认为：山东省人民政府收到杨某全的复议申请后，经审查认为不符合法定受理条件，在法定期限内根据《行政复议法》第 17 条第 1 款之规定作出不予受理决定，并无不当。行政机关及其工作人员在行使行政职权时有侵犯公民人身权和财产权情形的，受害人有取得赔偿的权利。山东省人民政府所作不予受理决定并未侵犯杨某全的任何权利。杨某全提出的其他诉讼请求，不属于本案审查范围。据此作出〔2014〕鲁行终字第 80 号行政判决，驳回上诉，维持一审判决。

【再审理由和请求】

杨某全不服二审判决，向最高人民法院申请再审。申请人认为：再审被申请人所作不予受理决定违法，一、二审判决违法；再审申请人提起的诉讼及赔偿等请求，具有事实根据，诉讼请求合理合法。故请求本院依法撤销再审被申请人所作不予受理决定；依法撤销一、二审判决；依法撤销青岛市人民政府青政复办告字〔2013〕77 号告知书；依法撤销青岛市司法局、青岛市市南区司法局、青岛市市南区法律援助中心作出的有关行为；判决再审被申请人依法承担赔偿责任。

【再审判案理由】

法院认为，对于此类明显违背行政复议制度、明显具有任性恣意色彩的反复申请，即使行政复议机关予以拒绝，也不应因形式上的"不作为"而将其拖进一个没有意义的诉讼游戏当中。鉴于本案已经实际走完诉讼程序，一、二审法院经实体审理后亦未支持再审申请人的诉讼请求，本案便没有必要通过审判监督程序提起再审后再行裁定驳回起诉。但法院所阐述的法律原则，可以供将来处理同类起诉时参考。

综上，杨某全提出的再审申请理由不能成立，其再审申请不符合《行政诉讼法》第 91 条规定的情形，法院不予支持。最高人民法院依照《行政诉讼法》第 101 条、《民事诉讼法》第 204 条第 1 款之规定，裁定如下：驳回再审申请人杨某全的再审申请。

【裁判要旨】

《行政复议法》第5条规定："公民、法人或者其他组织对行政复议决定不服的，可以依照行政诉讼法的规定向人民法院提起行政诉讼，但是法律规定行政复议决定为最终裁决的除外。"法律并没有规定对行政复议决定不服还可以向其上一级行政机关再次申请行政复议。由此可知，我国实行的是一级复议制度。对于明显违反、甚至是一再违反一级复议制度的申请，行政复议机关可以在口头释明之后不作任何处理；申请人对此不服提起行政诉讼的，人民法院可以不予立案，或者在立案之后裁定驳回起诉。

案例6：王某某等五人诉昌平区住房和城乡建设委员会案

2011年6月21日，昌平区住建委向中北岳森公司颁发京建昌拆许字〔2011〕第13号《房屋拆迁许可证》，核准中北岳森公司在昌平区马连店地区实施拆迁，后经数次批准延期，拆迁期限至2014年12月16日。王某某等5人的房屋在该项目拆迁范围之内。在上述拆迁期限到期前，拆迁人中北岳森公司于2014年11月26日向昌平区住建委提出延期申请，昌平区住建委于2014年12月15日作出《拆迁期限延期批复》，将拆迁期限延至2015年6月15日。王某某等5人不服，分别提起行政诉讼，要求撤销上述《拆迁期限延期批复》。因被诉行为相同，法院对该5案进行合并审理，在案件审理过程中，王某某等5人认为昌平区住建委作出《拆迁期限延期批复》依据的《〈北京市集体土地房屋拆迁管理办法〉实施意见》（以下简称《实施意见》）与上位法的规定不一致，申请对该《实施意见》进行合法性审查。

【裁判结果】

法院经审理认为，《实施意见》系原北京市国土资源和房屋管理局于 2003 年制定的规范性文件，王某某等 5 人有权根据《行政诉讼法》第 53 条的规定提出一并审查的申请。昌平区住建委作出《拆迁期限延期批复》依据的是《实施意见》第 13 条，该条款关于拆迁人应当在期限届满 15 日前申请延期的规定与《行政许可法》关于被许可人应当在该行政许可有效期届满 30 日前向作出行政许可决定的行政机关提出申请的规定不一致，《实施意见》的上述规定没有法律依据，不能作为《拆迁期限延期批复》合法的依据。中北岳森公司申请涉案拆迁许可证延期时，已超过《行政许可法》规定的申请期限，昌平区住建委据此作出《拆迁期限延期批复》构成程序轻微违法，但鉴于该程序违法对王某某等 5 人的权利不产生实际影响，故判决确认被诉的《拆迁期限延期批复》违法。

【意义】

该案系修改后的《行政诉讼法》实施后，北京市首例在对地方人民政府职能部门制定的规范性文件一并审查中认定相关条款无法律依据的案件，具有突破和示范意义。本案中，法院经审理认为被诉批复依据的规范性文件违反了上位法的相关规定，故未将其作为认定行政行为合法的依据，依法判决确认被告作出的拆迁期限延期批复违法。案件生效后，法院依法向该规范性文件的制定机关提出相应处理建议，建议择机适时对上述规范性文件进行清理修订，确保行政机关制定的规范性文件与法律法规保持一致，消除与上位法发生抵触或冲突的情形。

案例 7：杨某国因诉枣阳市人民政府不予受理行政复议决定并请求行政赔偿一案

2014 年 6 月 13 日，杨某国上访反映其父亲杨某智 1960 年下放农村，私房被政府代管后被拆迁但未给予补偿，要求政府解决两间门面和两套单元房。枣阳市住房保障局依照《信访条例》受理后进行了调查并认定，未发现杨某国父亲杨某智和大伯杨某圣的相关产权登记信息，也未发现相关房产被政府代管和拆迁的相关资料，经实地勘查也未发现杨某国所反映的房屋现状和痕迹情况。据此，枣阳市住房保障局对杨某国的上访要求不予支持，并于2014年6月18日对杨某国信访事项作出书面答复。

该答复还告知杨某国如不服该信访处理意见，可以在收到该处理意见书30日内向枣阳市政府申请复查，逾期不申请复查，该信访意见书即为该信访事项的终结性意见。杨某国于次日收到该信访意见书并注明对答复意见不服。2016年3月21日，杨某国以枣阳市信访局不予受理其要求解决落实房产问题的复查申请为由，向枣阳市政府提出行政复议申请。枣阳市政府以超过复议申请的法定期限为由于当日作出不予受理行政复议申请决定，并向杨某国送达了不予受理行政复议决定书。杨某国不服，诉至湖北省襄阳市中级人民法院，请求撤销枣阳市政府不予受理行政复议决定，并赔偿其家的房产。

【裁判结果】

法院一审认为：杨某国上访反映事项属历史遗留问题，因查无实据，已经枣阳市住房保障局调查作出处理意见。杨某国虽对该处理意见不服，但未在法定期限内依法申请复查和复核。事隔两年后，杨某国又以枣阳市信访局不予受理其复查申请为由，向枣阳市政府申请行政复议，但未提供相应证据证明原具体行政行为的存在，因而不符合申请行政复议的受理条件，故枣阳市政府决定不予受理其复议申请并无不当。杨某国的诉讼请求不能成立，不予支持。依照《行政诉讼法》第69条，《行政复议法》第5条，《信访条例》第32条第1款第3项、第34条、第35条之规定，作出〔2016〕鄂06行初35号行政判决，驳回杨某国的诉讼请求。

二审认为：根据《行政复议法实施条例》第28条第5项规定，行政复议申请应"属于行政复议法规定的行政复议范围"，杨某国以枣阳市信访局不予受理其复查申请为由,向枣阳市政府申请行政复议,该事项不属于行政复议范围,不符合申请行政复议的受理条件。故,驳回上诉,维持原判。

【裁判要点】

信访制度是与行政复议和行政诉讼制度相互独立、相互分离的权利救济制度。对于能够通过诉讼、仲裁、行政复议等法定途径解决的事项,信访途径是排斥的;基于同样理由,对于信访工作机构处理信访事项的行为、不履行《信访条例》规定的职责的行为,或者行政机关依据《信访条例》作出的处理意见、复查意见、复核意见和不再受理决定,行政复议和诉讼途径亦是排斥的。《信访条例》对不服信访答复意见提供了复查、复核等充足的救济途径,信访人穷尽救济途径或者自愿放弃救济,信访事项即告终结。

案例8:宏光公司诉兰州市城关区城市管理行政执法局行政不作为案

宏光公司以永隆公司进行违法建设,对其练车场的正常使用造成影响为由,向其所在街道社区和甘肃省兰州市城关区城市管理行政执法局(以下简称区行政执法局)等多个机关进行举报。但以上机关对其所反映事项均无任何处理。2012年10月,宏光公司将永隆公司违法建设的问题举报至兰州市委信访办,兰州市委信访办将举报材料转至兰州市行政执法局,后兰州市行政执法局又将举报材料转至区行政执法局,但直至宏光公司起诉时止,区行政执法局仍未对该公司的举报作出任何答复,故宏光公司以区行政执法局为被告,向法院提起行政诉讼,要求判令被告履行法定职责。

【裁判结果】

法院认为,被告区行政执法局意识到其不履行职责可能存在败诉风险,遂与原告宏光公司经协调达成一致意见,同意受理原告的举报事项并在其职权范围内进行调查,即依照原告的申请,履行了相应的法定职责。故原告于2013年6月7日向一审法院提交了书面撤诉申请。法院依照《行政诉讼法》第51条、最高人民法院《关于行政诉讼撤诉若干问题的规定》第5条、最高人民法院《关于执行〈中华人民共和国行政诉讼法〉若干问题的解释》第63条第1款第(十)项之规定,裁定准许原告撤回起诉。

【意义】

本案典型意义在于:行政诉讼的目的在于化解行政纠纷,在当事人提起诉讼后,有时通过法院审理,行政机关在诉讼期间意识到自身问题而主动纠正,在不损害国家利益和社会公共利益的前提下,当事人主动申请撤诉并经过法院准许,同样可以达到案结事了人和的审判效果。行政不作为案件往往是因行政机关及其工作人员存在"懒政""惰政"等主观因素或某些客观原因而引发,相比其他类型的行政案件,法律关系较为明确,案件审理难度相对较低,只要行政机关依法履责,当事人之间的症结往往易于化解。实践中,不少案件是原告在向行政机关多次反映、投诉无果后,才选择通过诉讼方式寻求救济,一旦起诉,常常在诉讼期间就使纠纷得以快速解决。这从一个侧面凸显了行政审判这一外部监督机制的重大影响力。法院在查清事实、分清是非的基础上,通过向被告释明法律规定和法律后果,以和解方式化解纠纷,可以使原告诉求在短时间内实现,既解决问题,又不伤"和气"。

案例9:行政机关负责人不出庭应诉行为是否属于行政复议和行政诉讼的受案范围

2015年12月17日,北京市人民政府收到孙某安以朝阳区政府为被申请人提出的行政复议申请。请求："（1）确认被申请人的行政负责人在 2015 年 3 月以来申请人诉被申请人的 3 个行政诉讼中拒不出庭应诉违法；（2）安排申请人查阅被申请人提出的书面答复、提供的证据、法律法规依据和其他有关材料；（3）向申请人邮寄或由申请人当面领取本申请对应的行政复议决定书。"北京市人民政府经审查，认为孙某安此次要求审查的"被申请人的行政负责人在 2015 年 3 月以来申请人诉被申请人的 3 个行政诉讼中拒不出庭应诉"的事项是行政机关依照《行政诉讼法》的规定参与行政诉讼的行为，应当接受人民法院的司法监督，不属于行政机关履行行政管理职责作出的具体行政行为，因而不属于行政复议法规定的行政复议范围。因此，孙某安的行政复议申请不符合《行政复议法实施条例》第 28 条第（五）项规定的受理条件，根据《行政复议法》第 17 条第 1 款的规定，北京市人民政府决定不予受理。2015 年 12 月 22 日，北京市人民政府作出京政复告字〔2015〕303 号《行政复议申请不予受理决定书》（以下简称 303 号不予受理决定），并邮寄送达至孙某安。孙某安不服，提起本案诉讼，请求撤销 303 号不予受理决定，判令北京市人民政府依法受理其行政复议申请。

【裁判要旨】

《行政复议法》第 6 条规定的行政机关履行法定职责，一般应当是请求行政机关履行法定行政管理职责对外作出行政行为，直接保护公民、法人或其他组织的合法权益。依照《行政诉讼法》第 3 条第 3 款"被诉行政机关负责人应当出庭应诉。不能出庭的，应当委托行政机关相应的工作人员出庭"的规定，被诉行政机关负责人出庭应诉是我国的一种基本行政诉讼制度。被诉行政机关负责人虽有法定义务参与行政诉讼活动，但该义务的履行不以公民、法人或其他组织的申请为前提，亦不以直接保护公民、法人或其他组织的合法权益为目的。设立该制度的基本立法本意是，被诉行政机关负责人通过出庭应诉，参与行政诉讼活动，直接面对公民、法人或其他组织，了解本行政机关的执法情况，有效解决行政争议，有利于全面推进依法行政，加强法治政府建设。被诉行政机关负责人不能出庭的，应当委托相应的工作人员出庭。如果被诉行政机关负责人不出庭应诉也不委托相应的工作人员出庭，需要就此追究有关人员责任的，应当通过《公务员法》《行政监察法》等规定的内部追责程序加以解决，而不属于行政复议和行政诉讼的受案范围。

【裁判结果】

法院认为，根据《行政复议法》第 3 条的规定，北京市人民政府作为行政复议机关，具有受理孙某安所提行政复议申请并作出处理的法定职责。《行政复议法》第 17 条规定，行政复议机关收到行政复议申请后，应当在五日内进行审查，对不符合本法规定的行政复议申请，决定不予受理，并书面告知申请人。除前款规定外，行政复议申请自行政复议机关负责法制工作的机构收到之日起即为受理。《行政复议法实施条例》第 28 条第（五）项规定，属于行政复议法规定的行政复议范围系行政复议机关受理行政复议申请的前提条件。本案中，孙某安向北京市人民政府提出的行政复议申请所涉审查事项是朝阳区政府依照《行政诉讼法》的规定参与行政诉讼的行为，并非行政机关履行行政管理职责所作具体行政行为，故不属于《行政复议法》规定的行政复议范围，北京市人民政府对其所提行政复议申请决定不予受理正确。北京市人民政府所作 303 号不予受理决定认定事实清楚、适用法律正确、程序合法。据此根据《行政诉讼法》第 69 条之规定，作出〔2016〕京 02 行初 19 号行政判决，驳回孙某安的诉讼请求。

二、何谓行政复议

接下来介绍关于行政复议方面的受理范围、法定期限、注意事项、流程图及其案例。

1. 行政复议的受理范围

（1）对行政机关作出的警告、罚款、没收违法所得、没收非法财物、责令停产停业、暂扣或者吊销许可证、暂扣或者吊销执照、行政拘留等行政处罚决定不服的；

（2）对行政机关作出的限制人身自由或者查封、扣押、冻结财产等行政强制措施决定不服的；

（3）对行政机关作出的有关许可证、执照、资质证、资格证等证书变更、中止、撤销的决定不服的；

（4）对行政机关作出的关于确认土地、矿藏、水流、森林、山岭、草原、荒地、滩涂、海域等自然资源的所有权或者使用权的决定不服的；

（5）认为行政机关侵犯合法的经营自主权的；

（6）认为行政机关变更或者废止农业承包合同，侵犯其合法权益的；

（7）认为行政机关违法集资、征收财物、摊派费用或者违法要求履行其他义务的；

（8）认为符合法定条件，申请行政机关颁发许可证、执照、资质证、资格证等证书，或者申请行政机关审批、登记有关事项，行政机关没有依法办理的；

（9）申请行政机关履行保护人身权利、财产权利、受教育权利的法定职责，行政机关没有依法履行的；

（10）申请行政机关依法发放抚恤金、社会保险金或者最低生活保障费，行政机关没有依法发放的；

（11）认为行政机关的其他具体行政行为侵犯其合法权益的。

2. 行政复议的法定期限

行政复议机关收到行政复议申请后，应当在五日内进行审查，对不符合本法规定的行政复议申请，决定不予受理，并书面告知申请人；对符合本法规定，但是不属于本机关受理的行政复议申请，应当告知申请人向有关行政复议机关提出。除前款规定外，行政复议申请自行政复议机关负责法制工作的机构收到之日起即为受理。（《行政复议法》第17条）

行政复议机关应当自受理申请之日起六十日内作出行政复议决定；但是法律规定的行政复议期限少于六十日的除外。（除外的意思就是其他法律直接规定了复议期限少于60日的从其规定）情况复杂，不能在规定期限内作出行政复议决定的，经行政复议机关的负责人批准，可以适当延长，并告知申请人和被申请人；但是延长期限最多不超过三十日。（《行政复议法》第31条）

3. 行政复议注意事项

▲上述法条中的"六十日"不按工作日计算，国家法定节假日亦应计算在内，这是因为按照《行政复议法》第40条规定的精神，《民事诉讼法》的规定中没有将诸如春节、劳动节、国庆节、星期六和星期日排除于期限之外，只是规定期间最后一日为法定假日的，以假日之后第一日为最后一日，因此，不能将法定假日不计算在期间内。

▲上述法条中的"情况复杂"是指案件本身情况复杂，如涉

及的问题多，有较多实质性问题需要研究或更多的时间方能搞清楚，以及其他一些在法定期限内无法完成又必须完成的工作。

▲上述法条中的"经行政复议机关负责人批准"是指由复议机构将情况写成书面报告，报请本机关负责分管复议工作的领导同志同意即为批准，这是按行政机关一般工作要求办理。复议机关应当注意不得以此为由变相延长复议期限。

▲上述法条中的"延长期限最多不得超过三十日"是指延长日期只能在 30 日内，可以是 5 日、10 日，也可以是 15 日、25 日，但不得多于 30 日；而且只能延长一次，不得多次延长。凡是延长复议期限的，应当书面通知申请人和被申请人，如果列有第三人亦应予以通知。通知应说明理由，确定延长的期限。延长期限的行为不得提出异议，因为它是复议工作中的一个具体环节，并非最终结果，如果超过延长期未作决定，才能适用本法有关逾期不作决定的规定。

关于行政复议注意事项还要记取以下节点：

▲一般期限，申请行政复议的一般期限为 60 日，即应当知道侵犯其合法权益的具体行政行为之日起 60 日之内，超过这个期限即视为放弃申请复议权。

▲特殊期限：是指单行法律、法规对申请复议期限的特别规定，复议法采取"就长不就短"的原则，超过 60 日的适用特别规定。

▲转送期限：自接到复议申请之日起 7 日内，转送有管辖权的行政复议机关并告知申请人。

▲对行政复议机关不予受理或不予答复的起诉期限：自收到不受理决定书之日起或复议期满之日起 15 日内提出行政诉讼。

▲复议申请送达被申请人期限：自受理之日起 7 日内送达被申请人或第三人。

▲被申请人提交答辩和提交证据、依据的期限：自收到申

请书副本 10 日内提交。

4. 行政复议流程图

申请
1. 期限：自知道具体行政行为之日起60日内提出行政复议申请。2. 条件：(1)复议申请人是认为具体行政行为侵犯其合法权益的公民、法人或者其他组织；(2)有明确的被申请人；(3)有具体的复议请求和事实依据；(4)属于申请复议范围。3. 方式：可以书面申请，也可以口头申请，书面申请应载明：(1)申请人姓名、性别、年龄、职业、住址和工作单位等；(2)法人或其他组织的名称、地址、法定代表人姓名、职务；(3)申请复议的请求和理由；(4)提出复议申请的日期。口头申请的，行政复议机关应记录申请人的基本情况、行政复议请求、申请行政复议的主要事实、理由和时间。

受理
收到复议申请后，在5日内进行审查。符合行政复议条件的，行政复议申请自行政复议机关负责法制工作的机构收到之日起即为受理。

不予受理
对不符合《行政复议法》规定的行政复议申请，决定不予受理，并书面告知申请人；对符合《行政复议法》规定，但不属于本机构受理的行政复议申请，告知申请人向有关行政复议机关提出。

承办
1. 自行政复议申请受理之日起7日，将行政复议申请书副本或者行政复议申请笔录复印件发送被申请人。2. 被申请人自收到申请书副本或者申请笔录复印件之日起10日内，提出书面答复，并提交当初作出具体行政行为的证据、依据和其他有关材料。3. 申请人、第三人可以查阅被申请人提出的书面答复、作出具体行政行为的证据、依据和其他有关材料，除涉及国家秘密、商业秘密或者个人隐私外，行政复议机关不得拒绝。

法律、法规规定应当先向行政复议机关申请行政复议，行政机关决定不予受理或受理后超过复议期限不作答复的，申请人可向人民法院起诉。

作出复议决定
行政复议机关负责法制工作的机构对被申请人作出的具体行政行为进行审查，提出意见，经行政复议机关负责人同意或者集体讨论通过后作出行政复议决定。自受理之日起60日(情况复杂，可延长30日)内作出行政复议决定，制作行政复议决定书，加盖复议机关印章，并送达当事人。

对行政复议决定不服的，申请人可向人民法院提起行政诉讼，但是法律规定行政复议决定为最终裁决的除外。

图 1　行政复议流程

5. 案例解读

下面介绍一些案例供大家学习和思考：

▲**案例1：不予立案通知作出后，公安机关对于报案人所报案的事项是否构成违反治安方面的情形还应当作出认定**

2014年4月15日，邓某兴向佛山市公安局南海分局报案，反映其工作的里水鲜果市场被人霸占，后佛山市公安局南海分局向报案人出具了报警回执。同日，该局进行受案审批，受案意见为"属本单位管辖的刑事案件,建议及时立案侦查",审批意见为"建议初查"。同年6月27日,佛山市公安局南海分局作出佛公南不立字〔2014〕00055号《不予立案通知书》,认为邓某兴于2014年4月15日控告的里水鲜果市场被破坏生产经营案,经审查认为现有证据无法证实有犯罪事实发生,根据《刑事诉讼法》第110条的规定,决定不予立案。该通知书于次日送达予邓某兴。里水鲜果市场认为佛山市公安局南海分局收到上述报案后,没有履行职责制止非法侵害行为,于2014年6月23日向法院提起行政诉讼。

【裁判结果】

法院认为,里水鲜果市场向佛山市公安局南海分局报案,该局予以受理。里水鲜果市场认为佛山市公安局南海分局受理其报案后没有履行制止他人非法霸占、侵害其合法财产行为的职责,向法院提起行政诉讼,属于人民法院行政诉讼受案范围。《治安管理处罚法》第7条规定,"国务院公安部门负责全国的治安管理工作。县级以上地方各级人民政府公安机关负责本行政区域内的治安管理工作。治安案件的管辖由国务院公安部门规定"。佛山市公安局南海分局作为南海区人民政府公安机关,依法具有管理本辖区治安管理工作的职责。佛山市公安局南海分局接到里水鲜果市场的报案后,以刑事案件进行处理,最终认为现有证据无法证实有犯罪事实发生,根据《刑事诉讼法》的相关规定不予立案。但该市场所报案的情形是否有违反行政法律法规的相关规定,佛山市公安局南海分局对此并无作出处理。综上,佛山市公安局南海分局对里水鲜果市场于2014年4月15日的报案没有履行法定行政职责,属行政不作为,该局应对里水鲜果市场报案作出行政处理。依照《行政诉讼法》第53条第2款第(三)项的规定,判决:佛山市公安局南海分局于判决发生法律效力之日起在法定期限内针对里水鲜果市场2014年4月15日的报案作出行政处理。

案例2：某有限公司诉区政府行政批复案

2014年7月15日，某公司的一名工人在装卸作业中受电击死亡。同年8月21日，事故调查组出具事故调查报告，认定该起事故为一般生产安全责任事故，某公司对事故发生负有责任。2014年8月26日，区政府作出批复，同意上述事故调查报告。某公司不服区政府所作批复，诉至法院，请求撤销该批复中有关其公司的部分。

法院对该案进行公开开庭审理，被告密云区政府负责人出庭应诉。在庭审的最后陈述环节，原告提出撤回起诉申请。在该案之前，事故死者的家属已向人民法院提起民事诉讼，请求判决某公司等三被告共同赔偿其损失共计102余万元。此外，因某公司被认定负有事故责任，区安全生产监督管理局对该公司作出罚款10万元的行政处罚决定，该公司对该行政处罚决定不服，亦向人民法院提起行政诉讼。

【裁判结果】

法院在依法审查原告撤诉申请的同时加大矛盾纠纷化解力度，经调解，上述民事诉讼案件的各方当事人已自愿达成调解协议，某公司因本案所涉生产安全事故而承担的民事法律责任也确定，在此情况下，准许原告撤回本案起诉，不仅符合其真实意愿，亦充分保护了其合法权益。

【意义】

修改后的《行政诉讼法》明确将化解行政争议确立为立法目的，并为此规定了民事、行政争议一并审理机制。本案通过对行政争议与关联民事争议和关联行政争议的一并解决，并注重发挥行政机关负责人出庭应诉等制度机制的功能作用，最终促使矛盾纠纷得以实质性解决，有效实现"案结事了人和"。同时，人民法院对行政争议与关联争议的解决始终在法律框架内进行，行政审判保障相对人合法权益、促进行政机关依法行政的职能作用得到充分发挥。

案例3：强制措施正当不代表行为必然合法

2014年7月14日，重庆市盐务管理局梁平县分局以重庆博之鸣畜产品有限公司违反《重庆市盐业管理条例》为由，查封了博之鸣公司使用后剩下的21吨肠衣盐。2014年7月28日，梁平县盐务局因博之鸣公司擅自将被查封的肠衣盐用于生产，遂作出盐业行政执法扣押财物决定书，将剩余的10.875吨肠衣盐扣押至梁平县盐业分公司仓库。博之鸣公司对行政扣押强制措施不服，提起行政诉讼。

【裁判结果】

法院审理认为，被告实施扣押博之鸣公司盐产品的强制措施时未告知原告依法享有的权利、救济途径，亦未听取原告的陈述和申辩，查封、扣押决定书遗漏应当载明的申请救济的途径和期限事项，亦未制作并当场交付查封、扣押清单，属程序违法且适用法律错误，遂判决撤销梁平县盐务局作出的盐业行政执法扣押财物决定书，并责令将被扣押的10.875吨肠衣盐予以返还。

实施强制措施的正当性并不意味其行为本身必然合法，还取决于行政机关实施查封扣押强制措施是否遵循了法定的顺序、时限、步骤。人民法院判决撤销该查封扣押决定书并责令行政机关返还扣押物品，对综合权衡行政权的效益优势与价值追求、实现实体正义与程序正义的对接与融合，具有示范意义。

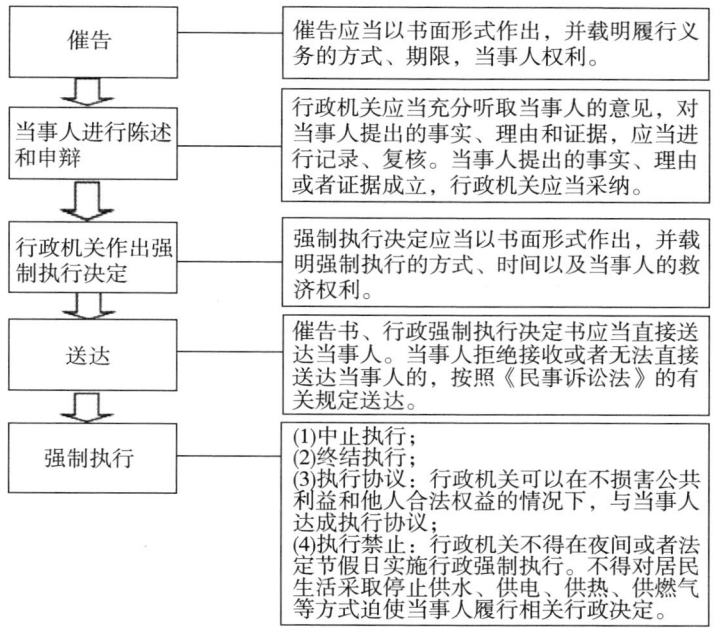

图 2　行政强制执行的程序

案例 4：频繁申请信息公开涉嫌滥用申请权

2014 年 8 月 31 日，张某通过挂号信向奉节县康乐镇人民政府邮寄了政府信息公开申请表，申请该政府公开其 2013 年公车配置情况。同年 10 月 14 日，康乐镇政府对于张某的申请进行了回复："与申请人的生产生活无直接关系，按照政府信息公开相关管理办法，可以不予公开。"在该案受理之前及审理过程中，张某先后向奉节县人民法院邮寄了 81 件行政诉状要求立案。经查证，张某向行政机关提出政府信息公开申请至少 215 次，提起行政复议 99 件，提出各类投诉及实名举报 10 余次。

【裁判结果】

法院审理认为，张某申请政府信息公开和提起诉讼的目的并非为了依法获取和了解政府信息本身，而是通过不断的、大量的申请、复议和诉讼，表达不满情绪和向政府及相关部门施加压力,以达到其承包地附着物利益补偿的最大化。张某频繁申请信息公开的行为已经背离了《政府信息公开条例》的立法目的,构成了申请权的滥用。

在行政程序中,申请人是否具有滥用信息公开申请权的行为、原告是否具有起诉的利益、原告的起诉目的是否正当、原告的起诉是否有悖于诚实信用原则,这4个方面实质上是从不同角度界定了信息公开案件原告滥用诉权的构成,对滥用诉权的认定提供了一条可资借鉴的审判思路。

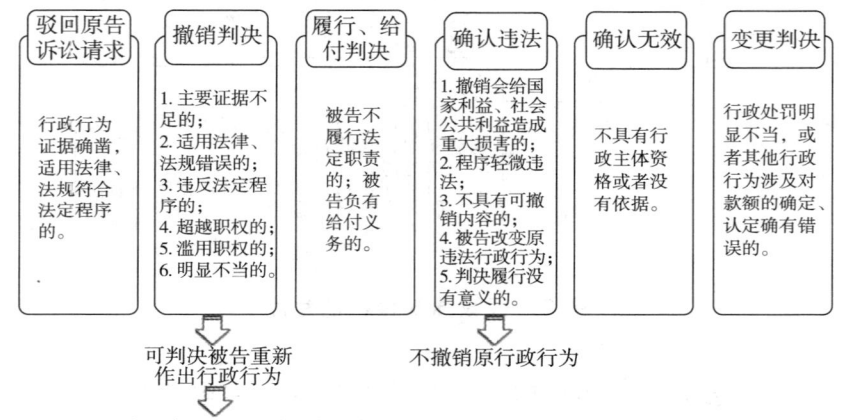

图3 法院判决形式

※行政不作为

行政不作为是指行政主体(也就是政府和其下属的工作部门)根据行政相对人的申请,负有作出相应行政行为的法定义务,但在法定或合理期限内未按照法定程序履行或完全履行的消极行为。

行政"不作为"其表现形式大致有拒绝履行、不予答复、拖延履行,它与行政中"乱作为"一样,都将可能侵犯或损害行政相对人的合法权益。

行政法律责任的种类分两种:

一是制裁性责任,包括通报批评,没收、追缴或责令退赔违法所得,行政处分。

二是补救性责任，包括赔礼道歉、恢复名誉、返还权益、履行职责、撤销违法决定、行政赔偿。

案例5：殷某某诉中国传媒大学不履行信息公开法定义务案

2015年4月20日，殷某某向中国传媒大学提交信息公开申请表，申请公开2005至2014年期间被告关于全国英语四、六级考试的考生违纪人员处分决定文件的复印件。中国传媒大学于2015年4月27日对殷某某作出《中国传媒大学信息公开申请告知书》，主要内容为：考生违纪人员处分决定文件涉及他人隐私，根据《高等学校信息公开办法》第10条、《中国传媒大学信息公开工作实施办法》第13条，不予公开。殷某某不服该告知书，向法院提起行政诉讼。

【裁判结果】

本案中被告系以涉及个人隐私为由不予公开相关信息，法院经审理认为，高等学校在接到信息公开申请后，在判断涉案信息是否应向申请人公开的过程中，应首先对涉案信息能否进行区分作出判断，如认为涉案信息不具有区分公开的可操作性，则应当履行征求第三方意见的程序。高等学校未履行上述程序即作出不予公开决定的，应当认定为主要证据不足、违反法定程序。据此，判决撤销中国传媒大学作出的《中国传媒大学信息公开申请告知书》，责令中国传媒大学于本判决生效之日起15个工作日内对殷某某的信息公开申请重新答复。

中国传媒大学不服一审判决，提起上诉。北京市第三中级人民法院经审理，判决驳回上诉，维持一审判决。

【意义】

修改后的《行政诉讼法》进一步拓展了行政诉讼的调整主体和范围。本案明确了高等学校的特定信息公开行为应纳入行政诉讼受案范围,公民如认为高等学校未履行相关信息公开义务,可以以该高等学校作为被告向人民法院提起行政诉讼。本案有效回应了高等学校信息公开案件审理中遇到的法律问题,明确了高等学校信息公开行为的可诉性及审理依据,对于审理高等学校信息公开类案件具有一定的示范意义。

案例6:张某琪诉天津市人力资源和社会保障局、天津市社会保险基金管理中心行政不作为案

张某琪于2013年3月13日、10月16日向市社保局,9月25日向市社保基金中心邮寄信函,主要内容为要求履行法定职责,对其社会保险缴费基数偏低和少缴、漏缴问题进行强制征缴。市社保局于2013年10月26日收到信函后,认为其所述问题不属于该局职责,属于市社保基金中心职责,遂将信件转至该中心办理。该中心于2013年11月29日向张某琪出具《关于张某琪信访反映问题的答复》,主要内容为其已经办理退休手续,退休待遇均由其参保所在区的社保局审批确定,且在审批之前已经本人对缴费基数、缴费年限等事项进行了确认,该中心作为社保经办机构,负责依据区县社保局审批结果及有关政策规定按时足额发放退休待遇。张某琪先是针对市社保局、市社保基金中心分别提起诉讼,因各自答辩不具备相应职责而申请撤诉,后将两单位作为共同被告诉至法院,请求确认市社保局向市社保基金中心转交信件行为违法,撤销市社保基金中心上述答复,判令二被告履行法定职责,对其诉求予以答复。

【裁判结果】

法院认为,根据《社会保险费征缴暂行条例》第5条规定,市社保局具有负责全市社会保险费征缴管理和监督检查工作的行政职能,其向与其存在隶属关系的市社保基金中心下达文件《关于社会保险举报投诉案件受理查处职责分工的通知》,第二

项明确规定"对用人单位未按时足额缴纳社会保险费的举报、投诉,由社会保险经办机构受理查处,逾期仍不缴纳的,由社会保险经办机构提请有管辖权的劳动监察机构实施行政处罚,具体程序由市劳动监察机构与市社会保险经办机构制定"。故市社保局将信件转至市社保基金中心办理并无不当。市社保基金中心应对原告信函要求事宜作出明确处理,但其未在60日内作出答复,且在此前原告起诉该中心不履行法定职责一案中,隐瞒了市社保局下达上述文件的情况,在答辩状中否认其具备相应职责,导致原告认为起诉被告主体有误而申请撤诉,系未履行法定职责并进行推诿。其给原告出具的《关于张某琪信访反映问题的答复》,在未对原告提出的请求作出明确处理的情况下,直接以信访形式答复显系不妥。遂判决:(1)市社保基金中心于本判决生效之日起30日内对原告请求作出处理并将结果书面告知原告,在规定期限内不履行的,从期满之日起按日处70元罚款;(2)驳回原告其他诉讼请求。一审宣判后,各方当事人均未上诉。

【意义】

本案中,人民法院以行政裁判方式明确了行政主体在社保管理方面的相关职责。基于行政管理复杂性和法律规定不明确,在职权界线不清晰的情况下,行政机关之间应当主动沟通联系,共同协调解决,不能互相推诿,甚至和老百姓"捉迷藏"。社会保险待遇涉及千家万户,关乎个人生老病死,无论是社保机关还是经办机构都必须积极履责,方为责任政府应有之义。人民法院对于行政主体在诉讼中隐瞒其与有关单位之间关于职权划分的相关文件的,应依法制裁,必要时可向纪检监察部门通报反映;在行政主体相互推诿,均否认具有相应法定职责的情况下,可依法将相关行政主体都列为被告,共同参加诉讼,通过庭审举证、质证和辩论,最终确定履责主体。同时,为保证履责判决的及时履行,可以在判决时一并明确不履行判决的法定后果，既督促行政主体尽快履责，也有利于保障生效裁判的迅速执行。本案裁判对类似案件的处理具有指导、示范意义。

案例7：张某竹诉濮阳市国土资源局行政不作为案

2013年10月16日，张某竹向河南省濮阳市国土资源局（以下简称市国土局）书面提出申请，请求该局依法查处其所在村的耕地被有关工程项目违法强行占用的行为，并向该局寄送了申请书。市国土局于2013年10月17日收到申请后，没有受理、立案、处理，也未告知张某竹，张某竹遂以市国土局不履行法定职责为由诉至法院，请求确认被告不履行法定职责的具体行政行为违法，并要求被告对土地违法行为进行查处。

【裁判结果】

濮阳市华龙区人民法院一审认为，土地管理部门对上级交办、其他部门移送和群众举报的土地违法案件，应当受理。土地管理部门受理土地违法案件后，应当进行审查，凡符合立案条件的，应当及时立案查处；不符合立案条件的，应当告知交办、移送案件的单位或者举报人。本案原告张某竹向被告市国土局提出查处违法占地申请后，被告应当受理，被告既没有受理，也没有告知原告是否立案，故原告要求确认被告不履行法定职责违法，并限期履行法定职责的请求，有事实根据和法律依据，法院予以支持。遂判决：（1）确认被告对原告要求查处违法占地申请未予受理的行为违法。（2）限被告于本判决生效之日起按《土地违法案件查处办法》的规定履行法定职责。

市国土局不服，提出上诉，二审判决驳回上诉，维持原判。

【意义】

本案通过行政审判职能的发挥，督促土地管理部门及时处理群众举报，切实履行查处违法占地相关法定职责，以回应群众关切、保障土地资源的合法利用。土地资源稀缺、人多地少的现状决定了我国必须实行最严格的土地管理制度，但长期以来土地资源浪费严重，违法违规用地层出不穷，既有土地管理保护不力的原因，也有人民群众难以有效参与保护的因素。公众参与，是及时发现和纠正土地违法行为的重要渠道，也是确保最严格的土地管理制度得以实施的有效手段。依法受理并及时查处人民群众对违法用地行为的举报，是土地管理部门的权力更是义务。《土地违法案件查处办法》第13条规定："土地管理部门对上级交办、其他部门移送和群众举报的土地违法案件，应当受理。"第16条又对受理后的立案查处等程序作出明确规定。经了解，市国土局不仅在本案中对张某竹的申请未依法履行职责，对另外9人的申请也存在同样问题而被法院判决败诉。本案的裁决对确保最严格的土地管理制度的正确实施和公众参与具有积极意义。

案例8：钟某诉北京市工商行政管理局通州分局行政不作为案

2013年12月27日，北京市工商行政管理局通州分局（以下简称通州工商分局）接到钟某的申诉（举报）信，称其在通州家乐福购买的"北大荒富硒米"不符合《预包装食品营养标签通则》的规定，属不符合食品安全标准的违法产品，要求通州工商分局责令通州家乐福退还其货款并进行赔偿，依法作出行政处罚。同年12月30日，通州工商分局作出《答复》，称依据该局调查，钟某反映的食品安全问题目前不属于其职能范围。钟某于2014年1月8日向北京市工商行政管理局提出复议申请，该机关于同年4月2日作出复议决定书，维持《答复》。钟某不服，以通州工商分局为被告提起行政诉讼，请求确认通州工商分局处理举报案件程序违法并责令其履行移送职责。

【裁判结果】

法院认为，依据国务院食品安全办、国家工商总局、国家质检总局、国家食品药品监管总局《关于进一步做好机构改革期间食品和化妆品监管工作的通知》（食安办〔2013〕13号）、《北京市人民政府办公厅关于印发北京市食品药品监督管理局主要职责内设机构和人员编制规定的通知》等文件规定，目前北京市流通环节的食品安全监管职责由北京市食品药品监督管理局承担，故被告通州工商分局已无职责对流通环节的食品安全进行监管，且其在接到原告钟某举报时应能够确定该案件的主管机关。《工商行政管理机关行政处罚程序规定》第15条规定，工商行政管理机关发现所查处的案件属于其他行政机关管辖的，应当依法移送其他有关机关。本案中当被告认为原告所举报事项不属其管辖时，应当移送至有关主管机关，故判决被告在15个工作日内就原告举报事项履行移送职责，驳回原告其他诉讼请求。通州工商分局不服，提出上诉，二审以相同理由判决驳回上诉、维持原判。

【意义】

本案通过裁判方式明确了行政机关对不属于本机关办理职责事项，如果有关规范性文件规定应移送有权机关办理的，应当及时移送。在行政管理领域，行政机关的职责既有分工也有交叉，法定职责来源既可能是本行政领域的法律、法规、规章和规范性文件，也可能是其他行政管理领域的法律规范，甚至可能是行政管理需要和行政惯例。有关食品生产、流通环节的监督管理职责由工商机关改由食品药品监督管理部门承担，但职责调整的初始阶段，人民群众未必都很清楚，工商机关发现群众对于食品安全问题的举报事项属于其他行政机关管辖的，应当移送相关主管机关，不能一推了之。积极移送也是一种法定职责。

案例9：王某升诉寿光市人民政府行政不作为案

2014年2月11日，寿光市人民政府（以下简称市政府）收到了王某升提交的请求责令洛城街道褚庄村村民委员会（以下简称褚庄村村委会）公开村务的申请书，市政府在调查核实后于同年 4 月 4 日作出〔2014〕第 009 号《责令公布村务通知书》，主要内容为："洛城街道褚庄村村民委员会，本机关于 2014 年 2 月 11 日受理了你村村民王某升提出的《责令洛城街道褚庄村村委会公布村务申请书》。根据《中华人民共和国村民委员会组织法》第三十一条和《山东省实施〈中华人民共和国村民委员会组织法〉办法》第三十八条规定，现责令你单位依法向王某升公布有关村务信息。特此通知。"市政府并于同日向褚庄村村委会进行了送达。市政府认为其已履行了法定职责。但至本案庭审时，褚庄村村委会并未就王某升申请事项向其公开。王某生遂以市政府为被告向法院提起行政诉讼，请求确认被告不履行责令褚庄村村委会公开村务职责的行为违法；判令被告及时履行责令褚庄村村委会公开村务的职责。

【裁判结果】

法院认为：依据《村民委员会组织法》第 31 条"村民委员会不及时公布应当公布的事项或者公布的事项不真实的，村民有权向乡、民族乡、镇的人民政府或者县级人民政府及其有关主管部门反映，有关人民政府或者主管部门应当负责调查核实，责令依法公布；经查证确有违法行为的，有关人员应当依法承担责任"之规定，被告市政府依法负有依原告王某升的申请对其反映的事项进行调查核实以及责令褚庄村村委会公布相关村务的法定职责。被告在履行责令职责时，不应仅限于作出并送达责令通知，还应限定公开的合理期限并应跟进监督村委会对责令通知的执行情况，以实现公开的结果。本案中，被告虽已按法律规定向褚庄村村委会作出责令公开村务信息通知，但未限定公开的合理期限，亦未对褚庄村村委会执行通知情况进行核实，被告的所谓履责行为未达到法律规定的"责令"程度，缺乏约束力和执行力，从而导致褚庄村村委会至本案庭审时也未向原告公开相关村务。因此，被告并未完全履行法定义务，其应继续履行责令之责。遂判决被告于本判决生效之日起 60 日内责令褚庄村村委会向原告限期公开相关村务信息。一审宣判后，双方当事人均未上诉。

【意义】

本案以裁判方式明确了行政机关不仅应当及时履责，还应当全面履责，并要依法实现履责的目的。本案中市政府从形式上已责令褚庄村村委会公布有关村务信息，似乎已经履行了法定职责；但是，由于该《责令公布村务通知书》既未明确具体内容，更未明确具体期限或者合理期限，实际上构成未全面履行法定职责，造成原告等村民对村务的知情权和监督权迟迟得不到落实。因此，人民法院判决其限期责令褚庄村村委会限期公开村务信息，能够更好地促进村务公开，切实维护广大村民知情的权利。

【相关法律知识链接】行政处罚的程序

调查取证

1. 行政机关在调查或者进行检查时，执法人员不得少于两人；

2. 调查方式：抽样取证与登记保存；

3. 登记保存：（1）经机关负责人批准；（2）最长期限为 7 日。

作出决定

1. 调查终结，行政机关负责人作出处罚决定；

2. 对情节复杂或者重大违法行为给予较重的行政处罚，行政机关的负责人应当集体讨论决定；

3. 违法行为已构成犯罪的，移送司法机关。

送达

1. 行政处罚决定书应当在宣告后当场交付当事人；

2. 当事人不在场的，行政机关应当在 7 日内依照民事诉讼法的有关规定，将行政处罚决定书送达当事人。

案例 10：违法上访 行为过激 被依法处理

2016 年 10 月 30 日，温岭市泽国镇沈桥村发生一起火灾，造成两死一伤。由于对消防部门出具的《火灾事故认定书》的结论不满，死者家属李某某等人前往台州市信访局上访。台州市信访局工作人员告知其可依法向台州市消防支队提出复核申请。但李某某没有依法提出复核申请，而是采取过激行为。

2016 年 11 月 23 日上午 10 时许，温岭市一场火灾中的死者家属，在台州市政府行政中心大门集聚了 20 多人违法上访，经事后调查发现，参与违法上访的 20 多人中，有多人与此事无关，是死者家属为扩大事件影响力花钱雇来的。犯罪嫌疑人李某某一行人驱车到达市政府行政中心后，将事先准备的横幅等从车上拿出，并在现场进行了展示。其间，犯罪嫌疑人李某某母亲多次冲击行政中心大门，企图强行进入行政中心内部，均被现场安保人员制止。违法上访事件发生后，警方经过多次劝说无效，依法将上访人强制劝离到市信访局反映问题，并对 5 个违法带头人员依法进行传唤调查。目前，公安机关对挑头参与违法上访的 8 人采取了刑事强制措施，目前其中 1 人被取保候审、7 人被刑事拘留。

【执法依据】

2016 年 8 月开始施行的《浙江省信访条例》第 11 条明确规定，信访人在信访活动中，应当自觉遵守社会公共秩序和信访秩序，不得在国家机关办公场所周围、公共场所非法聚集，围堵、冲击国家机关、重要活动场所，不得有扰乱公共秩序、妨害国家和公共安全的其他行为。

此案具有一定的代表性。这表明，民众在维权道路上法治意识不强，触犯法律法规的现象并不鲜见。

使法治成为一种全民信仰，很重要的一点就是在全社会全力营造"办事依法，遇事找法，解决问题用法，化解矛盾靠法"的法治理念与氛围。

6. 如何建立法治理念

要引导全体人民遵守法律，有问题依靠法律来解决，绝不能让那种大闹大解决、小闹小解决、不闹不解决现象蔓延开来，否则还有什么法治可言呢？要坚决改变违法成本低、守法成本高的现象，谁违法谁要付出比守法更大的代价，甚至是几倍、十几倍、几十倍的代价。

很长一段时间以来，法律的权威性明显不足，甚至在有些时候、有些地方出现法律法规能看、能说，最后就是落实不了的尴尬局面。要改变这种状况，首要的是要让群众相信法律，崇尚法律，坚信法律的功能作用和价值取向。而欲做到这一点，一个不可或缺的前置条件是：立法是科学的、执法是严格的、司法是公正的。唯其如此，民众才会主动学法、自觉守法。

要生存，要发展，违法的事是不可避免的。对具有法治素养的公民来说，要做的就是少违法，不犯罪。

学法，要学会自保，确保不触及法律法规的底线；用法，要学会运用法治思维、法治方式依法合规最大化地服务民众、造福社会。

【意义】

在以习近平总书记为核心的党中央领导下，依法执政、依法治国、依法行政共同推进，法治国家、法治政府、法治社会一体建设的快节奏、高效率时代已经来临。让我们在《宪法》的引领和法律法规的规范下，高高地举起法治的大旗，身体力行，从自己做起，从现在做起，使法治成为一种全民信仰的理念时时处处尽情飞扬，使法治成为一种全民信仰的理念付之行动，落地生根、开花结果。

三、不可不知的 5 部行政法律规定

1.《行政许可法》

第 42 条 除可以当场作出行政许可决定的外,行政机关应当自受理行政许可申请之日起二十日内作出行政许可决定。二十日内不能作出决定的,经本行政机关负责人批准,可以延长十日,并应当将延长期限的理由告知申请人。但是,法律、法规另有规定的,依照其规定。

第 50 条 被许可人需要延续依法取得的行政许可的有效期的,应当在该行政许可有效期届满三十日前向作出行政许可决定的行政机关提出申请。但是,法律、法规、规章另有规定的,依照其规定。行政机关应当根据被许可人的申请,在该行政许可有效期届满前作出是否准予延续的决定;逾期未作决定的,视为准予延续。

表 3 一般许可实施程序

程序	备注
申请	1. 可委托申请,但应亲自到场的除外; 2. 行政机关不得要求申请人提交与其申请的行政许可事项无关的技术资料和其他材料; 3. 提供格式文本义务(需要采用格式文本的才采用,非必须),申请书格式文本中不得包含与申请行政许可事项没有直接关系的内容,格式文本不得收费(没有例外)。

续表

程序	备注	
受理	1. 行政机关受理与不受理应出具加盖本行政机关印章和注明日期的书面凭证； 2. 可以当场更正错误材料的，应当允许当事人当场更正； 3. 材料不符合要求的，应当场告知或者5日内一次告知补正的全部内容，逾期不告知的，自收到申请材料之日起为受理。	
审查	需要对实质内容进行核实的，应指派两名以上工作人员核查。	
决定	1. 能当场作出则当场作出； 2. 不能当场作出决定的： （1）受理之日20日内决定，经本机关负责人批准，可延长10日；法律、法规另规定的除外（规章不可以）； （2）统一办理与联合集中办理的，自受理之日45日内决定，经本级政府负责人批准，可延长15日；法律、法规另规定的除外（规章不可以）； （3）听证、招标、拍卖、检验、检测、检疫、鉴定和专家评审的时间另算。	1. 书面决定； 2. 准予许可的公开许可决定，公众有权查阅；不予许可的决定不公开； 3. 法律、行政法规设定的行政许可，其适用范围没有地域限制的，申请人取得的行政许可在全国范围内有效。
颁发许可证	作出许可决定之日起10日内颁发、送达许可证、加贴标签、加盖印章。	注意： 不是所有的许可决定都要颁发许可证。

2.《行政处罚法》

一是行政处罚的时效。

（1）起止时间：从违法行为发生之日起计算；违法行为有连续或者继续状态的，从行为终了之日起计算。

（2）期限：违法行为在2年内未被发现的，不再给予处罚，法律另有规定的除外（治安管理处罚是6个月，税收处罚是5年）。

二是行政处罚的一般程序。

第37条　行政机关在调查或者进行检查时，执法人员不得少于两人，并应当向当事人或者有关人员出示证件。当事人或者有关人员应当如实回答询问，并协助调查或者检查，不得阻挠。询问或者检查应当制作笔录。行政机关在收集证据时，可以采取抽样取证的方法；在证据可能灭失或者以后难以取得的情况下，经行政机关负责人批准，可以先行登记保存，并应当在七日内及时作出处理决定，在此期间，当事人或者有关人员不得销毁或者转移证据。执法人员与当事人有直接利害关系的，应当回避。

根据《行政处罚法》，行政处罚的程序可分为两类：一般程序与简易程序。一般程序是行政处罚普遍适用的程序，它包含3个环节："调查取证""作出处罚决定"与"送达"。其中需要主要的要点可参阅下图4。

调查取证	作出决定	送达
1. 行政机关在调查或者进行检查时，执法人员不得少于两人。 2. 调查方式：抽样取证与登记保存。 3. 登记保存：(1)经机关负责人批准；(2)最长期限为7日。	1. 调查终结，行政机关负责人做出处罚决定。 2. 对情节复杂或者重大违法行为给予较重的行政处罚，行政机关的负责人应当集体讨论决定。 3. 违法行为已构成犯罪的，移送司法机关。	1. 行政处罚决定书应当在宣告后当场交付当事人。 2. 当事人不在场的，行政机关应当在7日内依照民事诉讼法的有关规定，将行政处罚决定书送达当事人。

图 4 行政处罚程序

三是行政处罚的简易程序。

第 33 条 违法事实确凿并有法定依据，对公民处以五十元以下、对法人或者其他组织处以一千元以下罚款或者警告的行政处罚的，可以当场作出行政处罚决定。

（1）所谓简易程序就是当场作出处罚决定的程序。

（2）适用条件：对公民处以 50 元以下、对法人或其他组织 1000 元以下罚款或警告。

（3）特点：①当场作出处罚决定。②调查人员可以少于两人。③处罚决定由调查人员作出。

其他程序要件与一般程序并无不同：表明身份、填写书面处罚决定书、罚缴分离、接受当事人陈述和申辩。

（4）当场作出处罚决定绝对不意味着当场收缴罚款。

表4　行政处罚的一般程序与简易程序的对比

	简易程序	一般程序
适用条件	对公民50元以下、对单位1000元以下罚款或警告（治安管理处罚对公民做出200元以下罚款或者警告）。	不适用简易或听证程序时。
重要制度	1. 可以一人执法； 2. 可以当场决定； 3. 当场作出的行政处罚决定，必须报所属行政机关备案。	1. 调查检查：至少2人执法； 2. 做出决定：由行政机关负责人（集体）作出决定。
重要时限	处罚决定书须当场交付。	当事人不在场的应在7日内送达处罚决定。

四是听证程序。

第42条　行政机关作出责令停产停业、吊销许可证或者执照、较大数额罚款等行政处罚决定之前，应当告知当事人有要求举行听证的权利；当事人要求听证的，行政机关应当组织听证。

（一）当事人要求听证的，应当在行政机关告知后三日内提出；

（二）行政机关应当在听证的七日前，通知当事人举行听证的时间、地点；

（三）除涉及国家秘密、商业秘密或者个人隐私外，听证公开举行；

（四）听证由行政机关指定的非本案调查人员主持；当事人认为主持人与本案有直接利害关系的，有权申请回避；

（五）当事人可以亲自参加听证，也可以委托一至二人代理；

（六）举行听证时，调查人员提出当事人违法的事实、证据和行政处罚建议；当事人进行申辩和质证；

（七）听证应当制作笔录；笔录应当交当事人审查无误后签字或者盖章。

当事人对限制人身自由的行政处罚有异议的，依照治安管理处罚条例的有关规定执行。

注意：行政拘留不适用听证程序；吊销许可证或执照当事人可以申请听证，但暂扣许可证或执照当事人不能申请听证；吊销许可证与执照并不区分企业或个人。

行政处罚听证程序特点：（1）当事人不承担听证费用；（2）原则上公开进行；（3）主持人为非本案调查人员；（4）可以委托代理人；（5）处罚决定可以不依据听证笔录。（与行政许可听证比较）

表5 行政处罚与行政许可对比

相同之处	不同之处	
	处罚的听证	许可的听证
1. 除涉及国家秘密、商业秘密和个人隐私外，听证公开进行； 2. 听证主持人为非本案调查人员，如与案件和当事人有利害关系则应回避； 3. 申请人不承担听证费用； 4. 申请人有权委托代理人，有权申辩与质证； 5. 听证应制作听证笔录。	只能依申请而举行听证。	除依申请外，行政机关也可以主动举行听证。
	1. 当事人要求听证的，应当在行政机关告知之后三日内提出； 2. 行政机关应当在听证的七日前，通知当事人举行听证的时间、地点； 3. 未规定行政机关应在多长时间组织听证。	1. 申请人、利害关系人应当在被告知听证权利之日起5日内提出听证申请； 2. 行政机关应当在20日内组织听证； 3. 行政机关应当于举行听证的7日前将举行听证的时间、地点通知申请人、利害关系人，必要时还应当进行公告。
	行政机关可不根据听证笔录，做出行政许可决定。	行政机关应当根据听证笔录，做出行政许可决定。

五是行政处罚的执行。

第 46 条　作出罚款决定的行政机关应当与收缴罚款的机构分离。除依照本法第四十七条、第四十八条的规定当场收缴的罚款外，作出行政处罚决定的行政机关及其执法人员不得自行收缴罚款。当事人应当自收到行政处罚决定书之日起十五日内，到指定的银行缴纳罚款。银行应当收受罚款，并将罚款直接上缴国库。

表 6　处罚的执行

原则上：罚缴分离	例外：执法人员当场收缴罚款
1. 作出罚款决定的行政机关应当与收缴罚款的机构分离； 2. 当事人应当自收到行政处罚决定书之日起十五日内，到指定的银行缴纳罚款。	1. 20 元以下罚款； 2. 对公民 50 元以下，对法人和其他组织 1000 元以下的罚款，不当场收缴事后难以执行； 3. 边远、水上、交通不便地区，当事人自己提出向执法人员缴纳（此时数额不限）。

3.《行政强制法》

一是实施程序。

表 7　实施程序

一般程序	特别行为遵照的特别程序（查封、扣押、冻结程序）
基本步骤 1. 报批：实施前须报单位负责人批准，特殊规定，可以不事先报批； 紧急情况限制财产：不经批准当场实施后，24 小时内向负责人报告并补办批准手续，负责人认为不应强制的立即解除； 紧急情况下限制人身：限制人身告知家属，返回机关后立即向负责人报告并立即补办批准手续。 2. 表明身份：2 人以上出示	1. 对象：限于涉案场所、设施、财物、存款、汇款，以下对象不得强制：（1）与违法行为无关的场所、设施、财物、款项；（2）当事人及其家庭生活必需品；（3）已被其他国家机关查封或冻结的场所、设施、财物、款项。 2. 期限：（1）30 日＋30 日，法律、行政法规另有规定的除外（冻结是法律另有规定除外）；（2）与采取强制措施相关的检测、检验、检疫、技术鉴定所需时间另行计算，但应事先明确并书面告知当事人。 3. 费用：与采取强制措施相关的相关检测、检验、检疫、技术鉴定、保管等费用由行政机关承担。 4. 后续处理 （1）没收、销毁或划拨：对违法事实清楚，依法

续表

一般程序	特别行为遵照的特别程序（查封、扣押、冻结程序）
执法证件。 3. 通知：通知当事人到场。 4. 告知：当场告知理由、依据、权利。 5. 听取陈述申辩。 6. 笔录：制作现场笔录，由当事人（或见证人）和执法人员签名盖章，当事人拒绝的在笔录中注明。	应当没收的非法财物予以没收，应当销毁的予以销毁，应当收缴的予以划拨。 （2）解除强制措施：当事人没有违法行为；查封、扣押、冻结的对象与违法行为无关；对违法行为已经作出处理，无需继续采取强制措施；查封、扣押、冻结期限已经届满。 （3）解除查封、扣押后应立即退还财物，已将鲜活物品或其他不易保管财物拍卖或变卖的应退还所得款项，变卖价格明显低于市场价格的给予补偿。

二是行政机关的执行程序。

表8 行政机关的执行程序

一般程序	前提：1. 当事人在行政机关决定期限内不履行义务；2. 行政机关有自行执行权。 步骤： 第一步：书面催告【在催告期间，对有证据证明有转移或者隐匿财物迹象的，行政机关可以作出立即强制执行决定】 第二步：当事人陈述、申辩【行政机关复核、采纳合理主张】 第三步：做出强制执行决定【催告无效 + 无正当理由】 比例限制： 1. 基于执行方式的限制：即执行协议，行政机关可在不损害公共利益和他人合法权益情况下，与当事人达成执行协议；协议可约定分阶段履行；当事人采取补救措施的可减免加处的罚款或滞纳金；当事人不履行执行协议时应恢复强制执行。 2. 基于执行时间的限制：行政机关不得在夜间或法定节假日实施行政强制执行，但情况紧急的除外。 3. 基于执行手段的限制：行政机关不得对居民生活采取停止供水、供电、供热、供燃气等方式迫使当事人履行义务。 4. 基于执行标的的限制：如果执行标的是建筑物、构筑物、设施，行政机关除了应先予以公告限期当事人自行拆除之外，还要求当事人在法定期限内不复议、不诉讼又不拆除，行政机关才可强制拆除。

续表

特别行为的特别程序	金钱给付义务	1. 加处罚款或滞纳金【告知＋数额不得超出本数 ＋ 超过30日经催告仍不履行的可拍卖、划拨】
		2. 拍卖【将已经查封、扣押的财物予以拍卖抵缴】
		3. 划拨【法律规定的行政机关书面通知金融机构划拨】
	代履行	条件：当事人履行排除妨碍、恢复原状的义务 ＋ 经催告仍不履行 ＋ 后果已经或将危害交通安全、环境污染或自然资源破坏 ＋ 行政机关自己或委托无利害关系第三人代为履行
		规则：1. 决定和送达：代履行前应送达决定书。 2. 再催告：提前3日催告当事人履行，当事人履行的即停止代履行。 3. 派员监督：代履行时行政机关派员到场监督。 4. 确认：代履行完毕，行政机关到场监督人员、代履行人、当事人（见证人）签名盖章确认。 5. 收费：代履行的合理费用由当事人承担。
		立即代履行：需要立即清除道路、河道、航道或者公共场所的遗洒物、障碍物或者污染物，当事人不能清除的，行政机关可以决定立即实施代履行。当事人不在场的，行政机关应当在事后立即通知当事人，并依法作出处理。

三是行政机关申请法院强制执行程序（法院的非诉执行程序）。

表9　行政机关申请法院强制执行程序（法院的非诉执行程序）

条件	1. 主体条件：无直接强制权的机关。 2. 时间条件：当事人不复议、不诉讼、不履行，可以自期满后3个月内申请法院强制执行。 3. 程序条件：申请法院强制执行前，应当催告当事人履行，催告后10日当事人仍未履行的再申请法院强制执行。
管辖	申请机关所在地法院，执行不动产的是不动产所在地，一般是基层法院管辖。
申请	行政机关向法院申请强制执行应当提供下列材料：（1）申请书；（2）行政决定书及其事实、理由、依据；（3）当事人意见及行政机关催告情况；（4）执行标的情况；（5）其他法定材料。
受理	法院接到申请应当在5日内受理，法院裁定不予受理的行政机关可以申请上一级法院复议。

续表

裁定	1. 形式审查：一般情况法院只做形式上的书面审查，符合条件的应在7日内裁定执行。 2. 实质审查：法院发现明显违法的，转入实质审查听取被执行人和行政机关意见，30日内裁定是否执行。
紧急情况	行政机关可以申请法院立即执行，经院长批准应当在做出裁定后5日内执行。
收费	行政机关申请法院强制执行，不缴纳申请费，强制执行的合理费用由被执行人承担。

4.《行政复议法》

第17条　行政复议机关收到行政复议申请后，应当在五日内进行审查，对不符合本法规定的行政复议申请，决定不予受理，并书面告知申请人；对符合本法规定，但是不属于本机关受理的行政复议申请，应当告知申请人向有关行政复议机关提出。除前款规定外，行政复议申请自行政复议机关负责法制工作的机构收到之日起即为受理。

第31条　行政复议机关应当自受理申请之日起六十日内作出行政复议决定；但是法律规定的行政复议期限少于六十日的除外。（除外的意思就是其他法律直接规定了复议期限少于60日的从其规定）情况复杂，不能在规定期限内作出行政复议决定的，经行政复议机关的负责人批准，可以适当延长，并告知申请人和被申请人；但是延长期限最多不超过三十日。

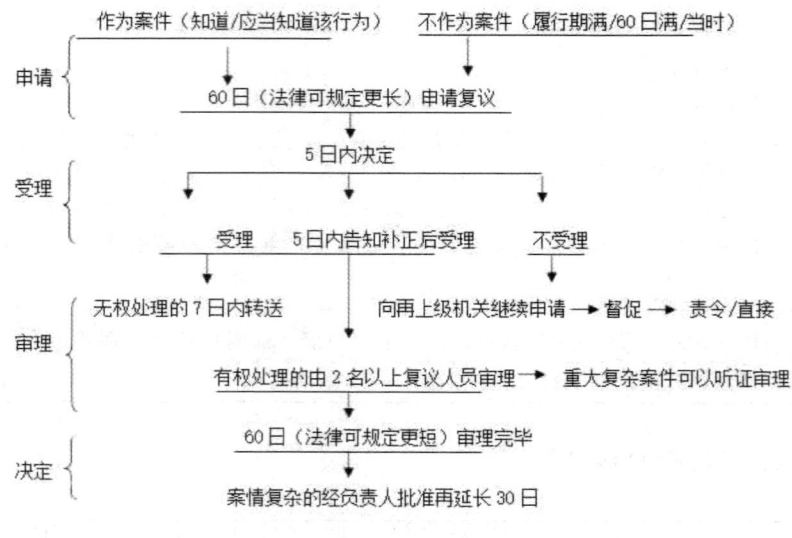

图5 行政复议程序

5.《行政诉讼法》

一是关于期限问题。

第45条 公民、法人或者其他组织不服复议决定的，可以在收到复议决定书之日起十五日内向人民法院提起诉讼。复议机关逾期不作决定的，申请人可以在复议期满之日起十五日内向人民法院提起诉讼。法律另有规定的除外。

第46条 公民、法人或者其他组织直接向人民法院提起诉讼的，应当自知道或者应当知道作出行政行为之日起六个月内提出。法律另有规定的除外。

因不动产提起诉讼的案件自行政行为作出之日起超过二十年，其他案件自行政行为作出之日起超过五年提起诉讼的，人民法院不予受理。

第47条 公民、法人或者其他组织申请行政机关履行保护其人身权、财产权等合法权益的法定职责，行政机关在接到申请之日起两个月内不履行的，公民、法人或者其他组织可以向人民法院提起诉讼。法律、法规对行政机关履行职责的期限另有规定的,从其规定。

公民、法人或者其他组织在紧急情况下请求行政机关履行保护其人身权、财产权等合法权益的法定职责,行政机关不履行的,提起诉讼不受前款规定期限的限制。

第48条 公民、法人或者其他组织因不可抗力或者其他不属于其自身的原因耽误起诉期限的,被耽误的时间不计算在起诉期限内。

公民、法人或者其他组织因前款规定以外的其他特殊情况耽误起诉期限的,在障碍消除后十日内,可以申请延长期限,是否准许由人民法院决定。

公民、法人或者其他组织依照行政诉讼法第四十七条第一款的规定,对行政机关不履行法定职责提起诉讼的,应当在行政机关履行法定职责期限届满之日起六个月内提出。(最高人民法院《关于适用〈中华人民共和国行政诉讼法〉若干问题的解释》第4条)

(1)申请行政机关履行法定职责,行政机关不作为的案件:行政机关的一般作为期限为两个月,起诉期限从申请两个月之后起算,但紧急状况下除外。

(2)当事人不知道具体行政行为内容的,起诉期限从知道或应当知道之日起算,但涉及不动产的从行为作出之日起不得超过20年,其他具体行政行为不得超过5年。

(3)当事人直接起诉的,起诉时间为自知道或应当知道作出行政行为之日起六个月内提出,法律另有规定的除外;

(4)行政诉讼的最长保护期:涉及不动产的为20年;涉及行政行为的为5年,最长保护期自行为作出之日起计算,而此类案件的起诉期限则从当事人知道或应当知道具体行政行为之日起计算。

表 10　起诉期限

诉作为	全知道	知道具体行政行为做出之日起 6 个月内，有例外则从例外。
	知一半	知道诉权或起诉期限之日起 6 个月内，且在（应）知道行为内容 2 年内。
	全不知	（应）知道行为内容之日起 6 个月内，且在行为做出之日起 5 年内（不动产 20 年内）。
诉不作为	明确拒绝	拒绝之日 6 个月。
	有履行期	履行期届满后可以起诉，期限 6 个月。
	无履行期	申请满 2 个月后可以起诉，期限 6 个月。
	紧急情况	当时便可以起诉，期限 6 个月。
复议后起诉	复议作为	收到复议决定之日起 15 日内，有例外则从例外。
	复议不作为	复议期限届满之日起 15 日内，有例外则从例外。

二是关于立案登记制的问题（对当事人依法提起的诉讼，一律接收起诉状，之后再分情况处理）。

第 51 条　人民法院在接到起诉状时对符合本法规定的起诉条件的，应当登记立案。

对当场不能判定是否符合本法规定的起诉条件的，应当接收起诉状，出具注明收到日期的书面凭证，并在七日内决定是否立案。不符合起诉条件的，作出不予立案的裁定。裁定书应当载明不予立案的理由。原告对裁定不服的，可以提起上诉。

对当事人依法提起的诉讼，人民法院应当根据行政诉讼法第五十一条的规定，一律接收起诉状。能够判断符合起诉条件的，应当当场登记立案；当场不能判断是否符合起诉条件的，应当在接收起诉状后七日内决定是否立案；七日内仍不作出判断的，应当先予立案。

起诉状内容或者材料欠缺的，人民法院应当一次性全面告知当事人需要补正的内容、补充的材料及期限。在指定期限内补正并符合起诉条件的，应当登记立案。当事人拒绝补正或者经补正仍不符合起诉条件的，裁定不予立案，并载明不予立案的理由。（最高人民法院《关于适用〈中华人民共和国行政诉讼法〉若干问题的解释》第1条）

行政诉讼的受理：
- 予以立案 → 符合条件的案件当场登记受理。
- 先予立案 → 当场不能判断是否符合起诉条件的，应当在接收起诉状后7日内决定是否立案；7日内仍不能作出判断的，应当先予立案。
- 形式内容欠缺 → 给予指导和释明，一次性告知需要补正的内容和期限。不得未经指导和释明即以起诉不符合条件为由不接收起诉状。
- 不予立案 → 不符合条件的裁定不予立案，并载明理由（可上诉）。
- 不受不理 → 向上一级法院起诉，符合起诉条件的，上一级法院应当立案、审理，也可以指定其他下级人民法院立案、审理。

不接收起诉状、接收起诉状后不出具书面凭证，不一次性告知当事人需要补正的起诉状内容，当事人可以直接向上级人民法院投诉，上级人民法院应当责令改正，并对直接负责的主管人员和其他直接责任人员依法给予处分。

图6 行政诉讼的受理流程

三是关于庭前程序的问题。

（1）被告举证期和提交答辩状期限延为15日；

（2）起诉状副本送达被告后，原告提出新的诉讼请求：人民法院不予准许，但有正当理由的除外。（行政赔偿程序可以在一审庭审结束前提出）。

四是关于审理程序的问题。

表11 审理程序

审理对象	一审	1. 被诉行政行为的合法性。 2. 复议维持的，应当在审查原行政行为合法性的同时，一并审查复议程序的合法性。
	二审	对原审判决和被诉行政行为全面审查；上诉为裁定的，审查裁定的合法性。
审理期限	一审	6个月；需延长由高院批，高院审理的由最高院批。
	二审	3个月；需延长由高院批，高院审理的由最高院批。

续表

首长出庭		行政机关负责人（正职或副职）应当出庭；不能出庭的，应当委托行政机关相应的工作人员出庭。 负责人出庭的，可以委托一至二名诉讼代理人。
简易程序	适用条件	仅一审案件且：1. 简单清楚、争议不大且属于下列三情况之一的：（1）被诉行政行为是依法当场作出；（2）案件涉及款额二千元以下；（3）政府信息公开案件；2. 当事人各方同意适用简易程序的。
	排除适用	发回重审、再审案件。
	具体内容	一人独任审理，并45日内审结。

C. 让法律告诉你如何行使权力（法治文化讲堂实录）

结 束 语

主持人：刚才，金律师联系实际，深入浅出，以案释法，通过一个个具体案例的鲜活解读，让大家受益匪浅。让我们以热烈的掌声感谢的她的演讲！

这次讲座在信息技术上得到了嘉兴东臣信息科技有限公司的支持和帮助，在此，我们一并表示衷心的感谢！

讲座至此结束，感谢大家的到来，谢谢！

附录一：南官河畔话清风

——访中共路桥区委书记潘建华

（2017 年 9 月 28 日）

采访人员：台州市法治文化研究会采访组　王建华　崔　瑛

● 中共浙江省台州市路桥区委书记　潘建华

浙江临海人，1967 年 5 月出生，中共党员，1987 年 7 月毕业于浙江大学科技图书情报专业，1987 年 8 月参加工作，2007 年 7 月获清华大学公共管理学院公共管理专业硕士学位，现任中共台州市路桥区委书记，历任台州市政府驻北京联络处副主任、主任，台州市政府副秘书长，路桥区委副书记、政法委书记，路桥区委副书记、区长。曾获浙江省综治工作先进个人、台州市信访工作先进个人、台州市实干论英雄先进个人，发表《地方法人金融机构助推区域小微企业发展调查研究》《大力发展湾区经济加快实现"三个率先"》等 10 多篇理论研究成果。

提要： 路桥区位于中国黄金海岸中段，浙江沿海中部，隶属台州市。境域东濒东海，南接温岭，西邻黄岩，北连椒江。路桥的文明源于周代后期徐偃王南渡带来的先进中原文化。许多名人知士曾在此驻足：大书法家王羲之曾到过路桥，留下"右军墨池"，唐代鉴真大师东渡前曾在香严寺讲经说法，南宋著名哲学家文学家叶适、明代礼部尚书兼翰林学士黄绾曾在路桥居住讲学，元末第一支农民起义军领袖方国珍、元末明初文史学家陶宗仪、书法家美术家柯璜、著名书法家任政和抗日将领陈安宝、著名工艺美术教育家书画家陈叔亮（其子陈其钢是第 29 届北京奥运会主题歌《你和我》词曲的作者）都诞生在路桥。

在路桥区第六届代表大会第一次会议上，区委提出了打造"廉洁之城"的工作目标，2017 年 9 月 19 日，路桥区委常委会研究并出台了《中共台州市路桥区委关于清廉路桥建设的实施意见》（以下简称《实施意见》）及配套文件，从更宽视野、更广领域、更深层次、更大力度推进以执纪明廉、制度固廉、监督促廉、文化扬廉为主要内容的"四廉"行动，努力开创干部清正、政府清廉、政治清明、社风清新的"四清"新局面。

秋日的路桥，风和云淡，气候宜人。路桥的河流纵横交错，我们在美丽的南官河畔，就"清廉路桥"和"权力清单"改革等问题，专访了路桥区委书记潘建华。言谈间犹如习习清风扑面而来。以下是我们采访的主要内容，希望能给读者提供台州经验的路桥样本。

采访者：潘书记，"清廉路桥"建设，是您区认真贯彻落实党中央推动全面从严治党向纵深发展和省、市党代会提出的建设"清廉浙江""清廉台州"战略部署的实际行动和有力抓手，也是对区第六届第一次代表大会提出的"努力建设'廉洁之城'"工作目标的继承、深化和发展，更是一项涉及全区党风、政风、民风的整体性、综合性、系统性工程。先请您谈谈提出建设"清廉路桥"目标的背景和意义？

潘建华：为从更宽视野、更广领域、更深层次、更大力度推进"清廉路桥"建设，探索"清廉浙江""清廉台州"在路桥的具体实践，我们制定出台《实施意见》。主要基于以下三点考虑：

第一，建设"清廉路桥"，是时代的呼唤。最近，党中央提出，要坚定不移推动全面从严治党向纵深发展；浙江省第十四次党代会提出，要在全面从严治党上更进一步、更快一步，努力建设"清廉浙江"；6月7日，省委常委、省纪委书记刘建超在台州调研时强调，要自觉以"八八战略"为指引，强化"四个意识"，提高政治站位，推动全面从严治党向纵深发展，努力建设"清廉台州"，为台州发展提供坚强的政治和纪律保证。在《实施意见》的起草过程中，我们得到了市纪委的高度重视和大力支持。2017年12月，区六届一次党代会我们提出了"努力建设廉洁之城"的工作目标，实质上与"清廉浙江""清廉台州"高度吻合、一脉相承。

第二，建设"清廉路桥"，是社会的期盼。十八大以来，各级纪检监察机关聚焦执纪监督问责，挺纪在前，深化标本兼治，加大对群众身边不正之风和腐败问题的惩处力度，真正让群众在抓基层党风廉政建设工作中有实实在在的获得感。近年来取得的反腐倡廉成效，表明党风廉政建设和反腐败工作深得人心，也寄托着广大干部群众对山清水秀政治生态的期盼。建设"清廉路桥"，是新形势下落实党要管党、从严治党的重大决策，是顺应社会群众期盼、加强党风廉政建设的重大部署。

第三，建设"清廉路桥"，是现实的需要。路桥区域不大，但民营经济发达，回首建区20多年历程，一路行来，发生了不少腐败案件，留给大家的是惨痛的教训和深刻的记忆。如何以勇敢的态度去正视问题，以积极的态度去解决问题才是真正意义上的爱护、保护和教育干部。另外，通过几年来坚持不懈深化正风肃纪，集中治理突出问题，虽取得了一定成效，但在近几年的监督检查特别是今年的两轮区委巡察中，我们发现隐蔽、变相、变味的违规发放津补贴、违规使用公车、违规公务接待等问题依然存在，在中央三令五申、再三强调"无禁区、全覆盖、零容忍"的大背景下还是屡现违规问题，值得我们重视和深思。

从这三个层面的意义来讲，建设"清廉路桥"，彰显的是区委坚决贯彻落实中央、省、市精神,推动全面从严治党向纵深发展,驰而不息反腐败、纠四风、倡清廉的坚定决心;表明的是对党忠诚、对人民负责、对事业尽心尽职的鲜明态度;体现的是真诚关心关爱党员干部,前事不忘、后事之师,亡羊补牢、为时未晚的殷殷之情。

采访者: "清廉路桥"包含哪些内容?

潘建华: "清廉路桥"的主要内容是:学习习近平总书记系列重要讲话精神和党中央治国理政新理念新思想新战略,围绕省委、市委关于建设"清廉浙江""清廉台州"的战略部署,把"清廉路桥"建设融入政治、经济、文化、社会各个方面,大力推进以执纪明廉、制度固廉、监督促廉、文化扬廉为主要内容的"四廉"行动,努力开创干部清正、政府清廉、政治清明、社风清新的"四清"新局,实现全方位、全领域、全社会清廉,为实现区党代会提出的"打造活力新区、建设美丽路桥,高水平全面建成小康社会标杆区"目标提供坚强保障。概括起来讲,就是以"四廉"行动开创"四清"新局。

一是执纪明廉。通过严明纪律、强化责任,营造与正气同行的政治生态。坚持把严明政治纪律和政治规矩摆在首位,紧紧抓住党风廉政建设的"牛鼻子",从严落实"两个责任",加大问责追责力度,严肃党内政治生活,净化党内政治生态。

二是制度固廉。通过深化改革、探索创新,建设与时代同进的体制机制。坚持与时俱进,深化监察体制改革,完善监督管理机制,探索实行"四病疗法",持续推动工作体制、运行机制和管理方式的改革和创新,健全完善不敢腐、不能腐、不想腐的有效机制,努力实现标本兼治。

三是监督促廉。通过强化监督、干净干事,构建与发展同向的亲清环境。坚持主动作为、靠前服务,强化为民务实的工作作风,提升廉洁高效的服务品质,打造公平正义的法治环境,使作风建设的成效体现到服务改革发展上来,切实增强群众的信任感和获得感。

四是文化扬廉。通过以文扬廉、清美廉荣，引领与主流同步的社会风尚。坚持以人为本，通过价值引领、文化熏陶等多种形式和载体，传承中华优秀传统文化，弘扬社会新风正气，推动形成"以清为美、以廉为荣"的社会风尚，营造崇清尚廉的社会氛围。

事业成败，关键在人。建设"清廉路桥"，锻造"路桥铁军"，重中之重是建设一支忠诚、尽职、自律、担当的干部队伍。必须不折不扣落实习近平总书记提出的"信念坚定、为民服务、勤政务实、敢于担当、清正廉洁"这一评价新时期好干部五标准，建立健全党员干部廉政档案，认真执行"凡提四必"，严把选人用人的政治关廉洁关。突出崇尚实干、注重实绩的用人导向，坚持压力传导与爱心传递双向互动，健全改革创新容错免责机制，为敢于担当的干部担当，为敢于负责的干部负责，不断增强干部队伍的创造力、凝聚力和战斗力。

采访者：您们将如何实现"清廉路桥"计划及采取哪些措施？

潘建华：建设"清廉路桥"，贵在行动、重在落实。现在，区委已经提出了"清廉路桥"建设蓝图，但要把蓝图化为现实，还需要做大量艰苦细致的工作。接下来，我们将重点抓好以下几项工作：

一是明确主要任务。"清廉路桥"建设是一个系统工程，全区各级党委对辖区内的"清廉路桥"建设负主体责任，区委各工作部门根据工作职责，结合实际、精心部署，细化具体工作方案，共同抓好各项任务的落实。在《实施意见》出台的同时，区委配套出台《清廉路桥建设重要工作任务分工》，区纪委制定了具体的《"四廉"行动计划书》。《"四廉"行动计划书》是《实施意见》的细化和延伸，操作性很强，明确了各方任务书、路线图、时间表和责任单位，提出了一系列接地气、可操作的重点工作和有亮点、有特色的创新举措。

二是把握方法步骤。建设"清廉路桥"是全区各级党委、政府的重大政治责任。区委成立以我为组长的"清廉路桥"建设领导小组，负责指导全区"清廉路桥"建设工作，下设办公室在区纪委、区监委，负责全区"清廉路桥"建设工作的规划、指导、协调和监督检查等工作。在明确职责任务的前提下，各单位各司其职、各负其责，确保责任到人、措施到位，一项一项抓推进，一件一件抓落实，力求掷地有声、招招见效。强化监督检查，建立完善的督查督办制度，确保工作有布置、有落实、有检查、有考核。

三是创新支持方式。积极运用新媒体和电视、报纸等传播媒介，大力宣传"清廉路桥"建设的重要意义和目标任务。坚持党的领导、政府示范、党员干部模范带头，发动、引导全社会积极参与，充分调动社会各界共同参与"清廉路桥"建设的积极性、主动性和创造性，努力营造"清廉路桥"建设浓厚氛围。积极探索建立清廉指数，完善"清廉路桥"评价指标体系，推动清廉建设向纵深发展。及时提炼总结"清廉路桥"建设中的特色亮点，强化典型示范引领，打造"清廉路桥"工作品牌。

采访者：您希望《权力清单中的百态人生——行政案件评析与法律风险提示》一书在"清廉路桥"建设中能发挥怎样的作用？

潘建华：《权力清单中的百态人生——行政案件评析与法律风险提示》一书，以漫画形式，生动、鲜活地展示大量发生在基层乡镇党政部门及村干部常见的违法犯罪案例，可作为我们"清廉路桥"本土特色教育和文化扬廉不可或缺的重要组成部分；书中对权力清单和权力负面清单的法律风险进行提示和解读，对增强基层干部学法尊法守法用法意识，提升干部运用法治思维和法治方式能力，推进路桥区域法治建设具有重要的意义。此书将起到"以案说法知荣辱、警示教育促廉洁"的作用，使广大干部认识到一旦放松警惕，危险就在身边，真正做到自警、自省、自控！

采访者：您对"清廉路桥"建设会有怎样的期待和展望？

潘建华：建设"清廉路桥"，"四廉"行动是手段措施和突破路径，"四清"新局则是奋斗目标和努力方向。我们期待，通过全区广大干群的共同努力和不懈奋斗，路桥的干部更加清正、政府更加清廉、政治更加清明、社风更加清新，为建设"清廉浙江""清廉台州"提供台州经验路桥样板。

通过不懈的努力，使我们的干部更加清正，真正做到信念坚定、为民服务、勤政务实、敢于担当、清正廉洁，在秉公执法、严于律己、拒腐防变上立口碑。"信念坚定"是好干部立身之本；"为民服务"是好干部为政之道；"勤政务实"是好干部履职之要；"敢于担当"是好干部成事之基；"清正廉洁"是好干部正气之源。通过加强干部教育管理、强化干部依法履职、深化干部作风建设等方式，促使领导干部自觉做到要严于律己、清正廉洁，敢担当、善作为。

通过不懈的努力，使我们的政府更加清廉，真正做到在勤政为民、依法监督、保障服务上更有声望，在建设责任政府、廉洁政府和法治政府上更有成效。在现有工作的基础上，扎实推进简政放权、优化环境服务、创新服务举措，深化最多跑一次改革，着力构建"亲""清"新型政商关系，最大限度地发挥各监督主体的职能作用，真正建成系统化、立体化、全方位的监督体系，从而使对权力的监督走向日常化、常态化。总结提炼可操作、可监督、可检查的措施制度，建章立制、巩固成果，形成长效机制，巩固建设成果。

通过不懈的努力，使我们的政治更加清明，真正做到在推进民主政治、依法治党上更有作为，在执政理念、执政方式上更富创新。推进全面从严治党向纵深发展，使全面从严治党的思路举措更加科学、更加严密、更加有效，使不敢腐的成果得到巩固，不能腐的制度更加完善，不想腐的堤坝有效构筑，反腐败斗争压倒性态势成为定势，最终营造山清水秀的政治生态，让广大人民群众共享"清廉"红利，以实实在在的工作成效增强人民群众对党的信任，打通全面从严治党"最后一公里"，厚植党的执政基础。

通过不懈的努力，使我们的社风更加清新，真正做到在党风政风、社风民风上更有影响，在廉洁从政、廉洁从业上更有成绩。以优良的党风促政风带社风民风，在全社会形成"以清为美、以廉为荣"的价值取向，党风政风更清，社风民风更淳，党群干群关系更加密切。以领导干部的示范表率，引领全区党员干部廉洁从政、广大群众廉洁从业，推动党内正气持续上升、社会风气持续上扬。

建设"清廉路桥"，不是几个人就能完成，而需要全区上下的共同努力，是一个艰难而曲折的过程；打造"廉洁之城"，不是朝夕间便能实现，而需要咬定青山的不懈奋斗，是一个量变到质变的转化。我坚信，以45万路桥人民的智慧、勇气、努力和奋斗，"清廉路桥"一定能实现！

附录二：记住法律中的重要数字

一、法律权利知多少

1. 当事人刑事诉讼的共同权利

（1）对审判人员、检察人员、侦查人员侵犯公民诉讼权利和人身侮辱行为，有权提出控告；（2）对特定审判人员、检察人员、侦查人员、书记员、翻译人员、鉴定人的参与可能影响公正处理案件的，有权要求他们回避；（3）有权用本民族语言文字进行诉讼；（4）经审判长许可有权向证人、鉴定人发问；（5）经审判长许可，有权对证据发表意见或相互辩论；（6）有权阅读或请求宣读法庭笔录，对记载有遗漏或差错的，可以请求补正或者改正；（7）由于不可抗力的原因或有其他正当理由，而耽误期限的有权在障碍清除后的5日内，申请继续进行应当在期满以前完成的诉讼活动；（8）对发生法律效力的判决、裁定，有权向人民法院或人民检察院申诉。（当事人特指被害人、自诉人、犯罪嫌疑人、被告人、附带民事诉讼的原告人和被告人）

2. 当事人民事诉讼的共同权利

（1）要求人民法院公正审判的权利（请求司法保护、委托代理人和申请回避等）；（2）维护实体权利的请求和主张诉讼的权利（收集、提供证据，进行辩论和查阅案件有关材料等）；（3）处分实体权利的诉讼权利（请求调解权、提起上诉权、自行和解权等）；（4）实现民事权益的诉讼权利，如申请执行权等。

3. 被告人刑事诉讼的权利

（1）被告人除自己有权辩护外，还可以委托一至二人作为辩护人。（2）公诉案件自移送审查起诉之日起，犯罪嫌疑人和被告人有权委托辩护人，自诉案件的被告人有权随时委托辩护人。（3）被告人是盲、聋、哑或未成年人以及可能判处死刑而没有委托辩护人的，有权获得人民法庭指定承担法律援助义务的律师辩护。（4）在审判过程中，被告人有权拒绝辩护人辩护，也有权另行委托辩护人辩护。（5）一次传唤、拘传不得超过12小时；禁止连续传唤、拘传；取保候审不得超过12个月，监视居住不得超过6个月。否则，犯罪嫌疑人、被告人有权要求解除强制措施。（6）犯罪嫌疑人有权对讯问笔录中的遗漏、差错，要求改正或补正。（7）被羁押的犯罪嫌疑人、被告人有权申请取保候审。（8）犯罪嫌疑人对侦查机关作为证据的鉴定结论，有权申请重新鉴定或补充鉴定。（9）犯罪嫌疑人对侦查人员所提的与本案无关的问题，有权拒绝回答。（10）犯罪嫌疑人有权请求自行书写供述。（11）犯罪嫌疑人在被侦查机关第一次讯问后或者采取强制措施之日起，有权聘请律师为其提供法律咨询、代理申诉、控告。（12）法庭辩论终结后，被告人有最后陈述的权利。（13）自诉案件的被告人在诉讼过程中，有权对自诉人提起反诉。（14）被告人不服地方各级法院一审判决、裁定，有权用书状或口头向上一级人民法院上诉。

4. 被告民事诉讼的权利

（1）应诉权；（2）反诉权；（3）委托代理和申请回避权。

5. 被害人刑事诉讼的权利

（1）被害人由于被告人的犯罪行为而遭受物质损失的，在刑事诉讼过程中，有权提起附带民事诉讼。（2）被害人对侵犯其人身、财产权利的犯罪事实或者犯罪嫌疑人，有权向公安机关、人民检察院或人民法院报案或者控告。（3）对自诉案件，被害人有权直接向人民法院起诉。被害人死亡或丧失行为能力的，被害人的法定代理人、近亲属有权起诉。（4）公诉案件的被害人自案件移送起诉之日起，有权委托诉讼代理人。（5）被害人经审判长许可，可以向被告人发问。（6）被害人对侦查机关用作证据的鉴定结论，有权申请补充鉴定或重新鉴定。（7）被害人对人民检察院不起诉的决定不服，有权在收到决定书后7日以内向上级人民检察院申诉，请求提起公诉。对人民检察院维持不起诉决定的，被害人可以向人民法院起诉。也可以不经申诉直接向人民法院起诉。（8）被害人不服地方各级人民法院一审判决的，自收到判决书5日内，有权请求人民检察院提出抗诉。

6. 被害人民事诉讼的权利（实体权利）

（1）所有权（包括占有权、使用权、收益权、处分权）。

（2）物权（一物一权）。

（3）债权。债权分为：①合同；②侵权；③不当得利；④无因管理。

（4）人身权，分为人格权和身份权。

人格权包括：①生命权；②健康权；③身体权；④姓名权；⑤肖像权；⑥名誉权；⑦自由权；⑧隐私权；

身份权包括：①配偶权；②亲权；③亲属权；④监护权；⑤荣誉权。

7. 自诉人刑事诉讼的权利

（1）自诉人在宣告判决前，有权同被告人自行和解或者撤回自诉。（2）自诉人有权随时委托诉讼代理人。（3）自诉人不服地方各级人民法院第一审判决、裁定，有权用书状或口头向上一级人民法院上诉。

8. 自诉人民事诉讼的权利（申请司法保护）

（1）证据保全；（2）财产保全（查封、扣押、冻结等），包括诉前保全（15日内提起诉讼）和诉讼保全；（3）支付令申请权；（4）先予执行申请权。

9. 辩护人的权利

（1）查阅、摘抄、复制案件有关材料；（2）会见、通信权；（3）辩护律师收集证据的权利；（4）辩护律师申请司法机关收集、调查取证权；（5）辩护人有权得到人民法院的开庭通知，申请人民法院延期审理，参加法庭审理，有权得到案件处理结果的法律文书，协助被告人提出上诉等；（6）有要求公安、司法机关对被采取强制措施超过法定期限的犯罪嫌疑人、被告人解除强制措施的权利。

10. 行政诉讼被告的权利

（1）申请回避的权利；

（2）用本民族语言文字进行诉讼的权利；

（3）委托代理人参加诉讼的权利；

（4）提出证据的权利；

（5）经法院许可，有权向证人、鉴定人、勘验人员发问的权利；

（6）有权辩论、查阅补正庭审笔录；

（7）申请保全证据和延长期限的权利；

（8）提出上诉和撤回上诉的权利；

（9）有权申请人民法院强制执行判决、裁定的权利。

被告辩护律师享有调查取证权，无论民事诉讼还是行政诉讼中的被告方律师，法律都没有限制其调查的权利；但在行政诉讼中的被告，未经法院同意，在行政诉讼中的调查取证权是受限制的，即使调查的证据也不能作为定案的根据。这里作为行政诉讼中的被告律师与被告是委托法律关系；受托人律师的权利来自于委托人行政诉讼被告，在委托人的调查取证权受到禁止的前提下，其受托人的律师当然要受到相应的约束。民事诉讼中被告的律师却没有如此约束。

二、哪些人可以成为行政诉讼的被告

行政诉讼的被告不是行政机关的工作人员，而是行政机关本身。在行政诉讼中，行政主体始终作为被告，这是行政诉讼的一大特点。根据行政诉讼法和最高人民法院有关司法解释的规定，行政主体作被告的情况主要有以下几种：

1. 作出具体行政行为的行政机关作被告。

作出具体行政行为的行政主体作被告主要有以下几类：（1）"公民、法人或者其他组织向人民法院提起诉讼的，作出具体行政行为的行政机关是被告"；"两个以上行政机关作出同一具体行政行为的，共同作出具体行政行为的行政机关是共同被告"；（2）"经复议的案件，复议机关决定维持原行政行为的，作出原行政行为的行政机关和复议机关是共同被告"；"复议机关在法定期间内不作复议决定，当事人对原具体行政行为不服向人民法院起诉的，应当以作出原具体行政行为的行政机关为被告"。值得注意的是，公民、法人或其他组织对行政机关与非行政机关共同署名作出的处理决定不服，向人民法院提起诉讼的，应当以作出决定的行政机关为被告，非行政机关不能作被告。

2. 改变原具体行政行为的复议机关作被告。

公民、法人或其他组织在起诉前，先按有关法律、法规的规定进行复议或选择了先行复议，而复议机关改变原具体行政行为的，即视为复议机关作出了新的具体行政行为，所以，原告提起行政诉讼时，就必须以该复议机关为被告。

什么情形属于复议机关"改变"了原具体行政行为呢？一般说来，（1）复议机关改变了原具体行政行为所认定的事实；（2）复议机关改变了原具体行政行为所适用的法律、法规或者规定；（3）复议机关改变了原具体行政行为的处理结果，即撤销、部分撤销或变更原具体行政行为。在这3类情况下，即视为复议机关改变了原具体行政行为，而作出了一个新的处理决定。

此外，复议机关如在法定期间内不作复议决定的，当事人是对复议机关这种不作为的行为不服提起诉讼的，应当以复议机关为被告。

3. 由法律、法规授权的组织所作的具体行为，该组织是被告。

有的组织原来不具有行政管理职权，但法律、法规授予了它在某一行政事务方面的管理权，公民、法人或其他组织如认为该组织所作的具体行政行为侵犯了其合法权益、应以该组织为被告提起诉讼。例如，《食品卫生法》规定：县级以上卫生防疫站和食品卫生监督检查所为食品卫生监督机构，有权对违反《食品卫生法》情节严重的个人或组织，给予行政处罚。该卫生防疫站和食品卫生监督检验所就是由法律、法规授权的这类组织。

4. 委托某一组织作出具体行政行为的，委托的行政机关是被告。

《行政诉讼法》26条规定："由行政机关委托的组织所作的具体行为，委托的行政机关是被告。"例如，乡政府委托某村民委员会行使某项行政职权，该村委会按照委托的权限作出某一具体行政行为，行政相对人对此不服的，必须以该乡政府为被告提起诉讼。这就是行政法上的"权利可以委托、责任不能豁免"的原则的具体体现。值得注意的是，行政机关在没有法律、法规或者规章规定的情况下，授权其内设机构、派出机构或其他组织行使行政职权的，应当视为委托。当事人不服提起诉讼的，应当以该行政机关为被告。

5. 行政机关的内设机构、派出机构作出具体行政行为的，该行政机关是被告。

公民、法人或其他组织对行政机关的内设机构、派出机构作出的具体行政行为不服，向人民法院起诉的，应以该行政机关为被告。但是，有的法律、法规对行政机关的内设机构、派出机构有作出具体行政行为的授权，在此时，可以比照"法律、法规授权的组织"，直接以该内设机构或派出机构为被告。例如，《治安管理处罚条例》赋予公安派出所作出警告、500元以下罚款的权力。

6. 行政机关被撤销的，继续行使其职权的行政机关是被告。

在作出某一具体行政行为后，该行政机关被撤销的，法律规定，由继续行使其职权的行政机关作为被告；另外，还有就是，行政机关被撤销后，没有继续行使其职权的行政机关，在这种情况下，应由决定撤销原行政机关的上级行政机关或上级行政机关指定的行政机关作为被告。

三、法律维权避免5个误区

1. 打官司找熟人。有相当一部分当事人，在未提起诉讼前或一接到应诉通知书，首先想到的就是到法院找熟人、拉关系。殊不知，这样做往往不但于事无补，而且浪费精力，浪费时间，有的甚至还会上诉讼掮客的当。

2. 不积极应诉。相当一部分当事人认为被人起诉到法院是件不光彩的事，因而对应诉也采取消极的态度，甚至拒绝出庭诉讼。其实，在民事诉讼中，原告和被告的诉讼地位是平等的，他们的合法权益同样受法律的保护。

3. 过分依赖律师。有一部分当事人一碰到打官司的事，就变得没有了主张，把一切希望寄托在律师身上，什么都相信律师，什么都依赖律师。特别是在法院调解案件时，如果当事人完全依赖律师，自己毫无见解和主张，那么自己就很难与对方当事人进行沟通，导致案件调解处理的结果可能不完全符合当事人自己的心愿。

4. 重二审轻一审。不少当事人有这样的偏见：认为最终决定官司胜负的是二审，而不是一审，因而他们打官司时也往往是轻视一审注重二审。有的当事人甚至在一审时保留重要证据，等到二审时才提供出来。其实这种想法和做法都是错误的。人民法院审理民事案件无论是一审程序还是二审程序，任务都是相同的，同样都是为了保护当事人行使诉讼权利。因此，只要一审认定事实清楚，适用法律正确，那么即使上诉到二审，最终的结果也还是驳回上诉，维持原判。

5. 超时效起诉。大部分当事人都知道一般诉讼时效是三年，但是却不知道还有特殊诉讼时效。如身体受到伤害要求赔偿的，出售质量不合格的商品未声明的，延付或拒付租金的，寄存财物丢失或损毁的，等等，诉讼时效为1年，如果超过1年，就丧失了请求法院保护上述民事权益的权利。另外，还有不少当事人不知道申请法院强制执行也有期限。我国《民事诉讼法》规定，申请执行的期限双方或者一方当事人是公民的为1年，双方是法人或者其他组织的为6个月。如果超过上述期限申请人民法院执行，人民法院将不受理你的执行申请。

同时还要特别注意以下4点：（1）民事案件起诉时，原告应当按照被告人数提交诉状的复印件。所提交的复印件只限于副本，正本必须是原件；（2）法人起诉，必须同时提供法人资格情况和法定代表人的身份证明，以便法院在立案时审查其主体资格是否符合法律规定；（3）对已经超过诉讼时效期限而坚持要求起诉的，应当准许，法院也应当立案；（4）赢了官司，应及时申请执行。申请执行的期限：双方或一方当事人是公民的为1年，双方是法人或者其他组织的为6个月。

四、6种合同签不得

1. 口头合同。这类合同一般是由熟人牵线介绍签订的，没有书面，一旦发生利益纠纷，因口说无凭，劳动者利益必然受损。

2. 简单合同。这类合同虽有字据，但内容过简，含义不清，缺少必要的细节约束，出现纠纷难以处理。

3. 一边倒合同。即合同内容偏向用人单位，出现劳动者利益受损时，劳动者有苦难言，有理难伸。

4. 抵押合同。即用人单位把一些证件、财物押给用人单位，并在合同中写明。结果，劳动者利益不保时，难以及时脱身，即使走人也要损失财物，拿不回必要证件。

5. 生死合同。一些用人单位为了逃避应承担的工伤责任，便在签订合同时，要求劳动者"工伤自理"，这明显不符合《劳动法》有关规定。

6. 双面合同。用人单位与劳动者签订的规范合同用于应付有关部门检查，由用人单位保存；不符合法律规定、双方需要履行的合同才告知劳动者。

五、我国法律与年龄有关的规定

1. 出生

公民从出生起到死亡时止，具有民事权利能力，依法享受民事权利，承担民事义务。(《民法总则》第 13 条)

父母双方或一方为中国公民，本人出生在中国，具有中国国籍。(《国籍法》第 4 条)

父母双方或一方为中国公民，本人出生在外国，具有中国国籍，但父母双方或一方为中国公民并定居在外国，本人出生时即具有外国国籍的，不具有中国国籍。(《国籍法》第 5 条)

2. 8 周岁

不满 8 周岁的未成年人是无行为能力人，由他的法定代理人代理民事活动。(《民法总则》第 20 条)

8 周岁以上的未成年人是限制行为能力人，可以进行与他的年龄、智力相适应的民事活动，其他民事活动由他的法定代理人代理，或者征得他的法定代理人同意。(《民法通则》第 19 条)

3. 14 周岁

奸淫不满 14 周岁的幼女的，以强奸论，从重处罚。（《刑法》第 236 条第 2 款）

强迫不满 14 周岁的幼女卖淫的，处 10 年以上有期徒刑或者无期徒刑（《刑法》第 358 条）；引诱不满 14 周岁的幼女卖淫的，处 5 年以上有期徒刑（《刑法》第 359 条）；嫖宿不满 14 周岁的幼女的，处 5 年以上有期徒刑。（《刑法》第 360 条）

已满 14 周岁不满 16 周岁的人，犯故意杀人、故意伤害致人重伤或者死亡、强奸、抢劫、贩卖毒品、放火、爆炸、投毒罪的，应当负刑事责任。已满 14 周岁不满 18 周岁的人犯罪，应当从轻或者减轻处罚。（《刑法》第 17 条第 2 款、第 3 款）

14 周岁以上不满 16 周岁未成人犯罪的案件，一律不公开审理（《刑事诉讼法》第 152 条第 2 款）。

4. 16 周岁

已满 16 周岁的人犯罪应当负刑事责任。（《刑法》第 17 条第 1 款）

16 周岁以上未满 18 周岁未成年人犯罪的案件，一般也不公开审理。（《刑事诉讼法》第 152 条第 2 款）

因不满 16 周岁不予刑事处罚的，责令他的家长或监护人加以管教；在必要的时候，也可以由政府收容教养。（《刑法》第 17 条第 4 款）

16 周岁以上的未成年人，以自己的劳动收入为主要生活来源的，视为完全民事行为能力人。（《民法总则》第 18 条）

5. 18 周岁

教唆不满 18 周岁的人犯罪的，应当从重处罚。（《刑法》第 29 条第 1 款）

犯罪的时候不满 18 周岁的人，不适用死刑。（《刑法》第 49 条）

未满 18 周岁的人，可由其父母或其法定代理人办理中国国

籍的取得、丧失和恢复的申请手续。(《国籍法》第 14 条)

年满 18 周岁的中国公民，不分民族、种族、性别、职业、家庭出身、宗教信仰、教育程度、财产状况、居住期限，都有选举权和被选举权，但是依照法律被剥夺政治权利的人除外。(《宪法》第 34 条)

18 周岁以上的自然人为成年人，不满 18 周岁的自然人为未成年人。成年人为完全民事行为能力人，可以独立实施民事法律行为。(《民法总则》第 17 条、第 18 条)

6. 20 周岁

结婚年龄女不得早于 20 周岁。(《婚姻法》第 5 条)

7. 22 周岁

结婚年龄男不得早于 22 周岁。(《婚姻法》第 5 条)

8. 23 周岁

有选举权和被选举权的年满 23 周岁的公民，可以被选举为人民检察院的检察官和人民法院法官。(《检察官法》第 10 条和《法官法》第 9 条)

有选举权各被选举权的年满 23 周岁的公民，可以被选为人民陪审员，但是依法被剥夺政治权利的人除外。(《人民法院组织法》第 37 条)

9. 45 周岁

有选举权和被选举权的年满 45 周岁的中华人民共和国公民，可以被选为中华人民共和国主席、副主席。(《宪法》第 79 条第 2 款)

后　　记

　　我从事律师职业已经二十多个春秋。回顾 1996 年 10 月，我以全省第七、台州市第一的优异成绩通过律师资格考试，进入台州市巾帼律师事务所（后更名浙江力汇律师事务所）工作，尔后担任浙江力汇律师事务所主任至今。律师路上的风风雨雨，伴随着我的人生旅程，强化了我的斗志，赋予了我力量！

　　二十年来，我既有付出，也有收获。从获取台州市首届律师辩论赛团体冠军，到入选台州市律协常务理事、台州市优秀律师，获得全国化解社会矛盾维护和谐稳定成绩突出律师，九三学社坚持和发展中国特色社会主义学习实践活动全国先进个人、全省社会服务先进个人、全省"优秀社员"称号、全市先进个人等等各项荣誉，再到当选路桥区和台州市两级人大代表、九三学社路桥支社主委和路桥区妇联兼职副主席等等。这些荣誉和成绩的取得，除了个人努力，我想更多的还是因为领导和同志们的一路关心和支持！因而，我常怀感恩之心：感谢昨天大家的关心和支持，感恩今天自己拥有的一切！

　　感恩的最好方式是回报。我是农民的女儿，生长在农村，父母从小就教育我吃苦耐劳、知恩图报。"宝剑锋从磨砺出，梅花香自苦寒来。"唯有付出，才有收获。我利用业余时间学习，提升自己的业务水平，回报社会大众。当其他人娱乐、休息时，我在学习最新法律规定及司法解释，研究最新公报和案例。为了纪念和答谢我人生之旅的第一个工作单位——台州市巾帼律师事务所，我心怀梦想：为妇女为儿童为老人，为天下弱者维权！即使工作再忙，我依然抽出时间，建立"金琴云巾帼维权工作室",投身于维护妇女儿童的合法权利不受侵害的繁琐工作之中。传承和弘扬巾帼律师事务所的宗旨和精神,二十年来我始志不变、初心不改!

感恩的最好诠释是无私奉献。自从担任两级人大代表以来,我积极参政议政、建言献策。在全面推进依法治国的今天,只有公正司法、严格执法、全民守法,国家和社会才能在法治的轨道上有序前行。作为中国法治建设队伍中的一员,我有义务做出更多行动,所以决心编写一本关于依法行政及行政权力边界的法律书籍。我将多年来办理过的行政案件作为素材编入此书,同时,与政府有关领导进行面对面交流、与行政相对人深入沟通,在此基础上一再修改,最后在学术顾问王建华老师的帮助指导下,完成本书。

感恩的最高境界是责任担当。我从开始的律师助理到今日担任几十家企业的法律顾问,成为规模较大的律师事务所主任,我都坚持职业操守,对每个案件认真分析,理清法律关系,找出案件的突破口,尽心尽责的办理,回报每位当事人的信任。今天,该书的出版,是我为普及法律知识、弘扬法治精神,以法治梦实现中国梦的梦!

这里,我要特别感谢中共台州市委政法委主持工作的副书记、台州市法学会常务副会长李晏子同志在百忙之中为此书作序,感谢中共台州市路桥区委书记潘建华同志对我工作的大力支持与帮助,此书的出版还得到了台州市法学会法治文化研究会的大力支持,得到了课题指导、课题策划及全体课题组同志的共同努力和帮助,在此,一并表示衷心的感谢!

金琴云

2017 年 10 月 27 日

Postscript Note

I have been a lawyer for more than twenty years. Looking back at October 1996, I passed the national bar exam in the seventh place in zhejiang province and the first place in taizhou. And then I entered Taizhou JINGUO law firm (after renamed zhejiang lihui law firm) to work, Served as director of the zhejiang lihui law firm by now. The Ups and downs on the lawyers'road along with my journey of life have Strengthened my spirit and given me strength!

In the pasted twenty years I have given and gained. I won the team championship in the lawyer's debate competition in taizhou city, became executive member of the council in taizhou lawyers association, and elected as "excellent lawyer in taizhou city"," The National outstanding lawyer resolving social contradictions to maintain harmony and stability", then I became the deputy of the people's congress in Luqiao district and taizhou city, the Luqiao branch's cochair of JIUSAN society, Vice President of the women's federation in Luqiao district. I gained these honors and achievements not only becouse of my personal efforts, but also because of my Leaders and comrades's supports. Therefore, I am always grateful: Thanks for my friends's concerns and supports yestaday, and cherish what I have today.

The best way to be grateful is to pay back. I am the daughter of a farmer and grow up in the countryside. My parents told me should be hard - working and grateful. There is a saying "Sword keen after honed, plum blossom in cold weather" in china, it means "no pain, no gain". I use my spare time to study, improve my business level and repay society. While others are entertaining and resting, I am studying the latest judicial interpretations and cases. For the sake of acknowledging the first working unit of my life – taizhou city jinguo law firm, I always have a dream: to protect the rights for the women, the children, the elderly, and the weak in the world. Even though I was busy with work, I still took the time to set up the "jinqin yun" studio to safeguard the legal rights for women and children. For 20 yearsI have not changed my mind to Inheritand carry forward the purpose and spirit of the jinguo law firm!

Thebestexplanation for gratitude is selfless dedication. Since being a deputy to the people's congresses, I have actively participated in offering advices and suggestions. In the course of comprehensively advancing the strategyof "rulingby law,' only fair justice can make the state and society proceed in an orderly way. As a member of China's legal construction team, I am obliged to make contribution, so I am determined to write a law book about theadministration according to lawand the boundary of administrative power. I have edited the administrative cases which I dealt with for many years as the materials of this book. Meanwhile, I have communicated with the government leaders and the administrative relative person. It was revised on this basis and finally completed the book with the help of academic advisor – wang jianhua.

The highest level of gratitude is responsibility. No matter asassistant lawyer or a legal adviser for dozens of companies, I am always in line with the professional ethics, analyze each case carefully, do the conscientious work to return each client's trust. Today, publishing personal treatises is not only to realize my personal dream, but also develop the spirit of the ruling by law and realize "the china dream"!

I would like to express my special thanks for Yanzi Li, (deputy secretary of the Taizhou municipal commission of political and legislative affairs, the deputy secretary of the Taizhou municipal commission of law,) and thanks for to prefaced for this book in busy schedule, and thanks for the supports and helps from Jianhua Pan (the secretary of The Communist Party of China Taizhou city Luqiao district). The publication also gained strong supports from the Taizhou law society, the joint efforts and helps form all team members, here, I extend my heartfelt thanks again.

Qinyun Jin
Oct. 27th, 2017

鸣　谢

台州市委政法委员会
台州市人民检察院
台州市法学会法治文化研究会
嘉兴东臣信息科技有限公司
浙江泽鼎律师事务所

图书在版编目（CIP）数据

权力清单中的百态人生：行政案件评析与法律风险提示/金琴云
等著. —北京：中国检察出版社，2017.12
ISBN 978－7－5102－1988－7

Ⅰ.①权…　Ⅱ.①金…　Ⅲ.①行政法－案例－中国
Ⅳ.①D922.105

中国版本图书馆CIP数据核字（2017）第235839号

权力清单中的百态人生

行政案件评析与法律风险提示

金琴云　等著

出版发行：中国检察出版社
社　　址：北京市石景山区香山南路109号（100144）
网　　址：中国检察出版社（www.zgjccbs.com）
编辑电话：（010）86423753
发行电话：（010）86423726　86423727　86423728
　　　　　（010）86423730　68650016
经　　销：新华书店
印　　刷：保定市中画美凯印刷有限公司
开　　本：710 mm×960 mm　16开
印　　张：13
字　　数：160千字
版　　次：2017年12月第一版　2017年12月第一次印刷
书　　号：ISBN 978－7－5102－1988－7
定　　价：48.00元

检察版图书，版权所有，侵权必究
如遇图书印装质量问题本社负责调换